JUSTICE

WHAT'S THE RIGHT THING TO DO?

正義

一場思辨之旅

桑德爾指定授權，10周年全新譯本，收錄台灣版獨家序言

Michael Sandel

邁可・桑德爾——著

陳信宏——譯

問一個社會是否公正，就是在問這個社會如何分配我們重視的事物——收入與財富、義務與權利、權力與機會、職位與榮譽。一個公正的社會懂得以正確的

目錄 Contents

樂？不過，這是否剝奪了每個人都擁有的權利——可以任意運用自己擁有的物品的權利？

4. 購買服務／市場與道德　149

在諸多關於正義的辯論中，最激烈的都涉及市場扮演的角色：自由市場是否公平？有些商品是否花錢也買不到，或者不該用錢買得到？如果是這樣，那麼這種商品是什麼東西，買賣這類東西又有什麼不對？

5. 重點在於動機／康德　187

康德爲義務與權利提出了一項不同的論述，其強大的力量與影響，跟任何一位哲學家提出的任何論述相比都毫不遜色。此項論述仰賴這個觀念——我們是理性的個體，應當獲得尊嚴與尊重。

目錄 Contents

8. 誰應得什麼？／亞里斯多德　303

現代的正義理論試圖把公平與權利的問題從關於榮譽、德行與道德應得的爭論當中區分開來。亞里斯多德不認爲正義能夠具有這樣的中立性，他認爲有關正義的辯論無可避免地必須涉及榮譽、德行，以及美好人生的本質。在他眼中，正義就是給予人們應該擁有的東西，讓每個人得所應得。可是，一個人究竟應得什麼？功績或應得的相關基礎是什麼？

9. 我們對彼此有什麼義務？／忠誠的兩難　337

國家應該爲歷史上的錯誤道歉嗎？要回答這個問題，我們必須針對集體責任以及社群的要求來思考一些棘手的問題。

目錄 Contents

推薦序

閱讀《正義》，就是充實道德理論的最佳工具

苑舉正

《正義》這本書，是一個哲學的傳奇。本書的作者桑德爾教授任教於哈佛大學，教授正義理論二十多年，受惠的學生超過一萬五千人，並且成爲哈佛大學最受歡迎的課程之一。本課程於二〇〇五年錄影後上網公布，成爲哈佛大學第一個免費觀賞的網路課程。二〇〇七年本課程在哈佛大學的修課人數創下紀錄，高達一千一百一十五人。二〇〇九年，桑德爾將本課程寫成書，取名《正義》，一出版立即被翻譯多國語言，中文譯本於二〇一一年三月問世，立即造成轟動。

在所有的哲學科目中，倫理學是最特殊的。倫理學包含了如下三項特點：第一，倫理學處理道德的議題，但並不需要專家，因爲人人都知道應該接受道德規範。第二，倫理學有形式與實際的衝突；如果道德徒具形式，就沒有應用的可能，而如果道德只顧實際，就缺乏了規範的意義。第三，倫理學的內容，從兩千五百年前開始，到今天的科技社會，一直討論著

固定的議題，卻沒有提供確切的答案。

《正義》所強調的內容，正是把倫理學的特性，納入所有考量當中。作者以我們的直覺，讓我們衡量面對道德的選擇。我們作選擇時，都會出現如下感覺，就是當我們做出判斷時，再轉念一想，會發覺原有的判斷其實是不正確的。判斷出錯的原因或許是，我們過於感情用事，或是過於依附原則，導致我們在理想與現實之間出現衝突。作者非常懂得如何運用這些衝突，並佐以現實案例說明，讓我們赫然覺得，道德的選擇要達到正義的訴求，並不是一件容易的事。

本書章節的安排，剛好是違反時間序列的。作者先談十九世紀盛行的功利主義，追求效用最大化的原則。然後，他再談十八世紀盛行的康德倫理學，以尊重人性尊嚴爲主。最後本書把討論拉回了兩千五百年前的亞里斯多德，並且以提倡德性做爲訴求。對於一般的進步論者而言，本書的內容，似乎說明了哲學思想在倫理道德的議題上，並不是處於進步的狀態，而這一點正好是本書最重要的地方。

所有道德的討論當中，兩難是亙古不變的道理。任何道德的原則，都只能適用於部分的情況。然而這些原則一旦運用在所有情況的時候，就會出現極端的狀態，反而讓人覺得原則的應用違背了道德的訴求。然而，若是沒有原則的應用，道德判斷反而成爲依據個人感覺而提出的想法。

邊沁的功利主義，是最強調原則的道德哲學。他認爲，無論是個人還是社會，所有的判斷都必須爲最多數人爭取最大效用。爲了貫徹這個原則，邊沁認爲，社會中所有的價值都必須轉換爲同一套效用。這種道德哲學的好處是簡單明瞭，但壞處是，忽略了人生的複雜性。

彌爾反對功利主義的量化思維，提出質的修正。彌爾認爲，追求最大效用是對的，可是追求必須以自由選擇爲基礎，不能夠完全以眼前的利害爲主。相信感覺足以做出利害區分的人，其實相信的是產生感覺的習慣、傳統、文化與成長背景，但這些因爲外在因素而塑造的感覺，卻極有可能壓制我們人在長期間對於效用的認知。時間會使得某些效用逐漸凸顯它們的價值，但若沒有給予足夠的時間，這些價值可能遭到感覺立即的否定。

康德的道德哲學，則是以反對任何形式的功利主義爲出發點。康德認爲，道德判斷的基礎，不是外在的感覺，而是內在的理性。理性給予我們做道德判斷的唯一基礎，讓我們必須從形式的立場上，理解任何道德判斷，都不能夠依附在做某件事情的結果之上；我們做道德行爲時，必須不考慮後果。因爲這個緣故，所以在康德的道德哲學中，人的尊嚴特別重要，因爲這個做判斷的人，就是一切道德動機的來源。

康德的道德哲學，具有形式上的優點，但卻因爲過度強調個人尊嚴的關係，以致於他未能針對社會整體的需求，提出有效的看法。羅爾斯的正義論，就是在應用康德哲學下所提出的。對於羅爾斯而言，康德的道德哲學的優勢，就是道德判斷在人所追求的理想中可以達到共識。這些共識甚至是不需要當事人的實際同意，就可以成爲有效的論證基礎。羅爾斯論證，所有人能夠接受的正義理論，必須是在完全不知道自己的優勢與劣勢的情況下完成。「無知之幕」下的結果，讓康德的理論被賦予了政治上的意義，也爲了現代福利國家提供了最重要的藍圖。

不過，對於社群主義者桑德爾而言，羅爾斯的正義理論，出現了一項不足之處：理論中的人是假設的，還是具體的？桑德爾非常明確的表示，這個問題只有亞里斯多德倫理學中的目的論可以回答。目的論強調，人除了理解生存所需之外，還需要知道做這些判斷的目的爲何。這個目的論的觀點，使得個人與群體能夠結合在一起，因爲個人以實現群體的目的爲主，而群體則讓個人發展人生。每一個人在社群中受教，目的就是促成社群的和諧：只有在和諧的社群中，每一個人才能夠達到美好的人生。

在現代社會中，亞里斯多德的倫理學遭到了壓制個人權利的批判。這個批判認爲，每一個人單憑自己就足以做出判斷，並不需要社群幫他決定甚麼是存在的目的。這個觀點引發麥金塔爾對於現代權利觀的批判。他認爲，其實每一個人都是生活在具體政治環境中的人，而環境的內容主要是靠我們說出來的。所以，麥金塔爾認爲，人必須要擁有說故事的能力，說出自己與外在環境的關連，以及自己對於社會認同的歸屬感。

從以上所述的內容中，桑德爾介紹了三種主要的倫理學理論，指出它們的限制，又提供了後人修正它們的結果。他在立場的選擇上，偏好亞里斯多德的理論，因爲它強調政治的生命，以及這個生命對於個人所賦予的目的。作者認爲，這是一個很接近實際人生的想法，可以把日常生活中的案例，直接納入群體與個人的討論當中。讀者在閱讀本書的過程中，會逐漸發現這些案例本身，就是充實道德理論的最佳工具。

本書來自於課堂，因此有兩方面的內容，是需要讀者自己加強的。首先，這是哈佛大學的課程，所以爲了要讓修課學生了解，理論和實例之間的互動，本書絕大多數內容訴求美國的日常生活。我建議讀者花點時間，了解美國的案例。其次，這堂課程中最有名的地方，不是教學的內容，而是教學的方法。桑德爾在教學中，採取蘇格拉底式的教學方法，全場互動激烈，絕無冷場，而學生針對道德的兩難，暢所欲言，不斷地激發智慧的火花。我希望本書的讀者都能夠配合網路的教學內容，設身處地參與這一場哲學的饗宴。

本書的作者非常貼心地爲台灣讀者寫一個十週年版序言。桑德爾曾經分別於二〇一二年與二〇一七年兩度造訪台灣。他曾經在台大體育館，面對六千五百名的聽衆的時候，提出各式各樣的新興議題，檢驗正義理論的價值。面對這麼一位重要且細心的大師，我能夠爲本書作序，眞可以說是與有榮焉。

我必須誠摯的向國人推薦此書，但在閱讀本書的過程中，我要提醒讀者三件事：第一，雖然本書充滿了案例，但內容卻是深入的，需要慢慢地品味。第二，本書是活的，所有的案例，其實不必然以美國的情況爲主；在台灣發生的情況也是很好的案例。第三，請大家特別注意，在哲學的討論中，我們需要的不是答案的追求，而是理解的過程。

（本文作者爲國立臺灣大學哲學系教授）

推薦序

透過提升道德思辨能力來改變想法，避免被偏見所左右

顏厥安

羅爾斯（John Rawls）在一九七一年出版《正義論》之後，不但重振了政治哲學的研究，讓「正義」成爲一個熱門議題，他在該書第一章一開始，就提出一段非常重要的陳述：「正義是社會制度的首要價值，正像眞理是思想體系的首要價值一樣。一種理論，無論多麼精緻和簡潔，只要不眞實，就必須加以拒斥或修正；同樣的，某些法律和制度，不管它們如何有效率和有條理，只要不符合正義，就必須加以改造和廢除。每個人都擁有一種基於正義的不可侵犯性，這種不可侵犯性即使以社會整體福祉之名也不能逾越。」

與羅爾斯的平等自由主義不同，桑德爾比較常被歸類爲社群主義，在學理論辯上，他也以批判羅爾斯的正義理論揚名。但是與羅爾斯一樣，桑德爾也認爲正義是一個非常重要的概念與議題，在個人的道德與倫理生活以及在公共領域的思考論辯裡（以下統稱道德思辨，moral deliberation），正義都扮演了至關重要的角色。但是正義到底是什麼？標準爲何？爲

何正義在道德思辨裡這麼重要？在各種具體個案的爭議中，又要如何運用正義準則，來進行客觀合理的分析思考呢？這些都是相當困難複雜的問題，即使好好研讀了羅爾斯的《正義論》，也不一定能獲得清楚的答案。

也許閱讀桑德爾的《正義》是相當好的起點。很多人認為此書只是一本教材，是課程演講的集錦，適合大學生上課參考，但並非嚴謹的學術之作。這個看法當然是合理的，但是只要我們想一想柏拉圖的《對話錄》，就可以發現，西方的哲學也正是誕生於一場又一場，對於具體問題的熱情思辨與對話。如果不能開始思考，投入思辨，正義也永遠只會是教條或口號。

桑德爾的這本著作，運用了許多高爭議的個案與政策議題，一方面引導讀者了解思考正義問題的途徑，也在這個過程中說明介紹了幾個最主要的理論典範。如果能認真閱讀思考，對於提昇道德思辨能力有很大幫助。大約七、八年前，台灣就翻譯引進了這本書，公共電視也發行了桑德爾哈佛「正義」課程的DVD。現在在YouTube上也很容易可以收看。然而經過了這幾年，台灣社會道德思辨以及對公共議題討論水準與嚴謹，是否有所改進呢？

也許根本不該有這樣的提問。畢竟台灣或任何一個社會的公共討論狀況，不可能受到一本書多大的影響。而且桑德爾自身所在的美國，這些年來也陷入了嚴重的黨派對立與民粹危機。其實民主社會本就無法避免在公共議題上的對立，這是公共領域的基本性質。在一九六〇年代，美國社會因爲越戰與民權議題陷入嚴重分裂的時候，羅爾斯仍舊提醒我們，公民最重要的責任之一就是持續支持與促進正義的體制。桑德爾則指出，雖然現實社會對於正義與權利的公共辯論往往像是一堆武斷的聲明，各方意識形態的拋擲，公民仍可透過道德思辨能力的提升來改變想法，避免被偏見所左右。

這當然不是一個輕鬆簡單的工作，桑德爾透過本書建議的起點，就是面對眞實或假想的道德困境議題，而讓自己自然展開道德省思。《正義》提供了許多有趣的案例，讀者可以自行閱讀。除了這些國外經驗外，台灣也有許多題材，例如核電、死刑、同性婚姻、每週工作時數等等，都是充滿爭議的道德思辨挑戰。

値此書出版十周年之際，我有幾個想法。第一，此書只是個起點。不論針對議題還是理論，都要開始進行更細緻深入的分析探討，這也意味著，除了桑德爾，還要閱讀其他許多的著作；對議題也需要掌握更多經驗資訊。第二，可以嘗試調整開發不一樣的思考視角，例如同婚議題，也許與眞愛或幸福都無關。反對死刑重要論據，也許不僅在生命權，也涉及施加給受刑人極爲強烈的痛苦。第三，可以考慮在高中引進更多的「公共議題思辨」課程，在大學的博雅教育中，也可鼓勵更普遍開設類似桑德爾在哈佛大學開設的「正義」課程。

托克維爾（Alexis de Tocqueville）曾說，民主社會的健康可以由私人公民履行職能的狀態來衡量。我認爲他講的職能就包括了公民的道德思辨與公共討論。台灣的民主發展前途，也不取決於政治人物，而是由我們大家共同來塑造。

（本文作者爲臺灣大學法律系教授）

推薦序

啓蒙的開端，讓我們對討論困難的社會議題無所畏懼

陳嘉銘

《正義：一場思辨之旅》是一場晚近十年的全球知識傳奇。《正義》在短短幾年內就有了二十七種語言譯本，作者邁可．桑德爾因爲本書在許多國家受到搖滾巨星般的歡迎。《正義》不是一本流行話題書，它也不是只圖滿足讀者好奇心的哲普書，它是一本勇於挑戰最困難的社會議題的哲學著作。作者用大量的例子闡述他的觀點，迎擊了轉型正義、同婚、代理孕母、大學入學資格、徵兵制、愛國主義、原住民以及分配正義等等這些臺灣與各國共有的極具爭議性和迫切性的當代議題。

本書之所以傳奇在於桑德爾採取了大學生（甚至中學生）就能懂的語言、以及講述各家哲學理論基礎的方法，從事哲學寫作，卻獲得了巨大的成功。我不只是說銷售的成功。這本書不僅展示了最好的哲學分析技藝，也提供了讀者獨立哲學思辨需要的最佳素材（我幾乎忍不住要說所有素材）。

西方國家在二戰後確立了民主自由、資本主義和社會福利的政治經濟體制，六〇年代社福體系持續擴張，在這個背景下，三個當代主流正義論述在七〇年代的美國成形，約翰・羅爾斯的《正義論》、羅伯特・諾齊克的《無政府主義、國家和烏托邦》以及諾貝爾經濟學獎得主肯尼斯・阿羅的《普遍經濟平衡》相繼出版，這三個著作分別確立了三種思考正義的觀點，中間偏左的自由主義以羅爾斯爲代表（本書第六章）、自由放任主義（第三章）和福利經濟學（第四章）。福利經濟學主張只要允許人們用金錢購買各種服務和權利，市場就能夠促進所有人的效益。後兩者正義觀點都支持自由市場、減少政府干預，只有羅爾斯主張擴大社會福利。

六〇和七〇年代的美國也是反戰、黑人民權、女性主義運動的年代，受到運動洗禮的年輕教授和學生們在八〇年代對上述三種正義觀點展開兩個相反路線的批判。第一、批判他們無能解決種族、性別等群體遭受的歧視和壓迫，這個路線在八〇年代末匯集爲關注各種弱勢群體差異的主張。第二、批判他們忽略社會團結和共善，無能解決像墮胎、同婚、愛國主義等道德和宗教問題。桑德爾屬於第二個陣營，我們通常稱爲社群主義。

爲了理解社群主義，我們需要瞭解「善」（good）和「權利」（right）在當代政治哲學的意涵。這兩個概念分屬兩組不同的社會道德觀點。「善」是我們渴望的美好事物，它們帶來快樂、具有吸引力、構成了我們美好生活的一部分。「善」包括了健康、金錢、也包括親情、卓越的能力、帶來內在快樂的活動和高尚的品德（德性）等等。亞里斯多德是闡述追求「善」的倫理生活最好的哲學家（第八章）。「權利」是我們正當的自由領域和應該獲得的公平對待。不管人們是否追求「善」或美好人生，每個人都有義務尊重每個人的平等權利，因爲我們有義務把每個人當作自由與平等的個人對待。這種義務不是我們追求的「善」，因爲不管這些義務能不能帶來快樂、有沒有吸引力或者構成美好人生，每個人都必須無條件遵守這些義務。康德是「權利」觀點的現代哲學創建者（第五章）。

一般來說，在我們的道德和社會生活，每個人都在追求「善」與美好人生，可是我們也充分意識到我們有義務尊重他人的「權利」。關鍵問題是哪個思維在政治生活優先。社群主義者認爲追求「善」應該是主導的社會道德思維，批評七〇年代成形的三種正義觀因爲把尊重「權利」當作主導思維，無能處理許多社會道德問題。相對而言，強調「權利優先於善」的哲學家則主張，在當代多元社會，每個人對「善」和美好生活都有不同看法，我們應該讓個人去決定他們要追求的「善」和美好生活，國家應該保持中立，在公共領域只要尊重每個人的自由與平等（也就是「權利」）就足夠了。

這兩種社會道德觀戰得難分難解，從墮胎、公娼、同婚到安樂死等等議題都看到這兩種道德觀的身影。本書最精采之處是闡述了同性婚姻議題的社群主義觀點。「權利」（優先於善）觀點表面上似乎能輕易推論出婚姻是同志平等的「權利」，可是它也最無法說服反對者。反對者帶著他們對家庭和婚姻的整套美好生活的信仰而來，他們無法理解，爲何對他們來說倫理上錯誤的事要受到法律積極保障？而且如果目的只是要保障平等，最一致性的結論應該是國家最好不要立法設立婚姻建制，應該讓所有異性和同性婚姻簽一般民事契約就可以了。可是婚姻是現代國家特別認可和保護的主要社會建制，社群主義者批評，如果我們不討論婚姻和美好生活的關係，我們就無從了解國家爲何要怎麼做，也無法面對反對者堅信的美好生活的挑戰。桑德爾分析美國麻州最高法院馬歇爾法官的意見書是社群主義的回應：「婚姻不只是對另一個人深層的個人承諾，而且是國家對下述理想高度公開的慶賀（認可和贊同），相互性、陪伴、親密、忠誠和家庭。」這些理想不需要預設生理生育小孩的能力，同志婚姻一樣做得好和値得尊敬。正是因爲國家判定婚姻的美好生活是榮譽的，所以國家特別保護婚姻的建制。「權利」論者主張國家應該在不同美好生活觀保持中立，因此無法理解婚姻這個制度。同婚議題展現了社群主義最無法令人忽視的潛力。

本書的前三分之二篇幅針對七〇年代形成的三種正義觀點背後的哲學思維，做了系統、扼要和關鍵的解說和分析（第一到第七章）。作者在剩下的三分之一篇幅則闡述了他和一群被稱為社群主義者的正義觀點（第八到第十章）。不僅如此，桑德爾同時解說了福利經濟學的源頭——邊沁的功利主義，功利主義的內部變奏——約翰．彌爾，羅爾斯理論的源頭——康德，以及善、美好生活與德性論的源頭——亞里斯多德。

要在這麼短的篇幅講述彌爾、康德和亞里斯多德會嚇壞多數作者，桑德爾卻睿智地了解他必須這麼做，這是這本書是最關鍵的選擇，也是讓這本書成為傳奇的主因。不僅因為這些哲學家深邃的核心論點還能持續激發我們未來的哲學思辨，而且透過他們的思想，四種正義觀點不僅更完整、更有魅力，而且提供了我們讀者自己批判和修正這些觀點的思索基礎。光是選材，桑德爾就是偉大的哲學教育家。更不用說，我還沒讀過能像他能在這麼短的篇幅內相對到位地解說這些哲學家的著作（儘管我不完全同意他的詮釋）。打個比方來說，如果要解說一個哲學家的思想可以談十個重點，平凡的哲學教育者可能不清不楚地講了六到七個重點，可是桑德爾卻只挑出兩～三個重點，講到清澈見底，卻讓我們對這些哲學家一目瞭然。學習知識的樂趣莫過於此。

專業哲學家可能會認為這本書不過是中學生、大學生的哲學入門教材。雖然這本書確實是當代目前最好的政治哲學入門教材，但是這仍然是誤解。本書的寫作是真正的哲學。如果蘇格拉底定義了哲學是什麼、哲學家在做什麼，桑德爾做的正是蘇格拉底的工作：以最清澈的語言和非哲學專業的人們討論道德和政治生活的難題。

任何深奧難懂的文字都是有缺陷的哲學，它們使我們對自己、對理性失去信心。只有清澈才能引起理性的興趣，而不是虛榮心的興趣。我們常因爲虛榮被深奧的哲學吸引。清澈是我們的知識累積愈來愈深的前提，而且只有清澈才能讓每個人有勇氣挑戰大師和權威的觀點，因爲只有清澈的語言才能被檢驗。康德說啓蒙就是勇氣。《正義》這本書讓我們對困難的社會議題討論無懼。這是哲學眞正的工作：教育勇氣，或者我們該說啓蒙。

（本文作者爲中央研究院人文社會科學研究中心副研究員）

推薦序

一本思索怎麼做才對與自由的快樂的好書

綠角

在打開《正義》這本書前，我預期它會是本不錯的書，但沒想到會這麼好看。我們常以為身處現代文明世界，自己已經是一個自由人。但實情恐非如此。

正義是一本討論哲學的書籍，要怎麼做才對，就是哲學思考的核心。書中舉例，海豹部隊在阿富汗抓到牧羊人，必須在要殺要放間做出抉擇。殺了，他們行蹤就不會敗露；不殺，牧羊人可能會向塔利班通風報信。只不過這個牧羊人可能是無辜的。是否可以犧牲一部分人的性命，換取其他人的性命？是否可用功利算計的角度來決定殺或不殺？或者，人命是不可侵犯的基本人權。怎樣才是對的？

在這樣困難的問題中，反覆思量，找尋支持與反對的原因，然後做出選擇，就是這本書的核心論點。由於全書不做空泛討論，以大量實際例子來佐證，所以讀者可完全擺脫「哲學」二字給人的刻板印象，沉浸在許多正反面的精采論述中。

《正義》書中，對「自由」二字有相當深入的解析。譬如書中第四章提到：只有在沒有不當壓力，而且又對替代方案有足夠知情的狀況下，自由的選擇才是可能的。

我們回頭看投資大衆做出投資選擇時的狀況。

首先，投資大衆身處在一個具有相當壓力的狀況下。這個壓力常以財經媒體或金融機構的文宣爲傳導媒介，加諸投資人身上。最常見的說法，就是「理財要趁早」。早幾年投資，比晚投資會多賺很多（但前提是，要有賺。在下跌的市場，早幾年投資是提早賠錢）。

其他壓力源包括，不斷的報導某些靠投資大賺一筆的個案（很有趣的是，爲什麼從來不提因爲投資賠到傾家蕩產的人）。

一旦投資人開始接觸投資，就會有一種「哇，我再不行動就落後太多了！」「大家都在賺，我怎可袖手旁觀」等感覺。

然後投資人一開始研究投資，最可能的狀況是，喜歡研究個股的投資人就會接觸到主動投資的論點（對於被動投資的優點及主動投資的不樂觀結果一無所知），喜歡投資基金的投資人就會接觸到有佣基金，與高額內扣費用的主動型基金（對於免佣基金，與低總開銷基金一無所知）。

很湊巧的，喜歡主動選股進出的投資人，就是券商收入的主要來源，買進有佣基金滋養了基金銷售管道，高額內扣費用基金則是基金公司的金雞母。

給你壓力，迫使你做出行動。然後故意只呈現幾種選擇，看你要選哪個。

在這種狀況下做出投資決定，可以叫自由嗎？

這種情形下的投資人，就像後面有牧羊犬，前面只有一個柵欄開口的羊群。這群羊會怎麼行動，這些投資人會做出怎樣的選擇，早已完全受制於人。

羊隻或許還會感到壓迫，但這個體系最高明的地方在於投資人會樂在其中，以為掌握了自己的財務命運，或是邁向賺錢之途。讓不自由的人以為自己很自由，就是操控的精義所在（這也是《駭客任務》這部電影中母體控制人類的手法）。

在壓力下，我們在財務知識不足的狀況下倉促決定。在資訊不對等的狀況下，我們只考慮有限的選項。結果，我們這些投資人做出了有利金融業者，而非有利自己的決定。

我親身體會過。在開始接觸投資時，我就選定基金為主要投資工具，並透過國內銀行買主動型基金，這是我投資至今最懊悔的決定。有多少投資人要和我走過一樣的路，才會知道原來還有指數型基金可以選。有多少投資人，終其一生都不會聽聞這些福音。

在投資世界，原來我們的選擇從不自由。投資人的選擇，是許多金融機構與傳媒亟欲操

推薦序

脫離「無法討論政治」的困境

朱家安

長久以來，「政治」在台灣被當作是不好的事，小時候學校讓你覺得政治太髒了，不能進校園。你第一次和政治接觸是選舉時的衛生紙贈品或在喜宴上跟議員敬酒。你對「談論政治」的典型印象，是政論節目上攻擊特定政黨的名嘴，你上次看到他，是他在隔壁節目信誓旦旦表示，如果女人墮胎，孩子會變成痛苦的嬰靈。

身爲民主社會公民，我們有權參與政治，但通常要不興趣缺缺，要不義憤塡膺、堅持己見、沒有改變意見的可能。這些態度都讓民主溝通更不容易進展。政治管轄我們的全部生活，我們卻陷入「無法討論政治」的困境。

覺得沒必要討論政治、覺得自己不可能被說服改變立場，這些態度截然不同，但可能出於類似誤會。有些人認爲價值主觀而無所謂對錯，討論只是白花時間，這種看法把政治立場看得太簡單，使人無法利用價值思維的精細之處爲衝突找到出路。

舉個例子。假設你反對同性婚姻，因爲你認爲穩定的關係才是長久之道，而同性戀太過「淫亂」，所以沒資格結婚，那麼，你最好不要勸身邊遊戲人間的異性戀朋友早點結婚「定下來」，因爲這會構成判斷上的衝突：你支持穩定關係，也支持異性戀藉由婚姻建立穩定關係，但不支持同性戀這樣做。

不管你對同性婚姻的看法如何，都會認爲當事人必須提出夠好的說明，才能說明上述衝突合理，如果他提不出說法，可能必須承認自己的立場有矛盾，或者修改立場。不管你喜不喜歡，實務上很多時候我們是透過向別人說明自己信守的原則和理由來溝通價值。這是爲什麼「雙重標準」是嚴重的壞事。政治和價值並非無法討論，只是要建立實在的討論，我們必須眞的面對自身原則和理由的瑕疵，並且反省和修正。

這也是爲什麼，在這時候一本政治哲學的書是必要的。經過兩千五百年的努力，倫理學家和政治哲學家們或許還沒找到道德的客觀標準答案，但至少已經把市面上常見的道德立場整理得差不多了。透過這些整理，你可以快速了解自己的想法該歸於哪些立場，以及那些立場的特性和要回應的問題：

◆你支持同性婚姻，因爲你認爲人有選擇自己要怎麼過活的權利。那麼你很可能是某種自由主義者。你支持自由開放的政府，但可能必須容忍人民做出對他們說非常不明智的生活選擇。

◆若你支持古文必修，因爲你認爲我們應該對自己的文化有所了解。那麼你很可能是某種社群主義者。你認爲人對自己所屬社群有特殊的義務，在一些議題上，你可能會被迫在這種義務和人權之間權衡。

◆若你支持原住民在大考加分，這是出於彌補不平等的理由，還是出於讓大學生組成更多元的理由？你可以想像，這兩種理由各有吸引人之處和疑義。

在《正義》裡，哈佛大學哲學家桑德爾把常見的政治立場背後的「哲學基礎」整理好，讓你理解它們各自重視些什麼，會在哪些議題上做出哪些判斷。桑德爾是有學術創見的知名學者，也善於向一般人清晰說明抽象概念。這本書行文順暢，用各種具體案例來區分立場與立場之間的細緻不同，並且敏銳提醒讀者各種說法和案例的適用範圍。

首先，你可以把這本書當成「政治立場心理測驗」。讀過一則則案例並把自己的直覺判斷記下，你應該很快就會發現自己偏向書裡介紹的某個哲學立場。在這個階段，你知道自己是誰，也知道自己的對手是誰。

再來，你可以進一步精鍊自己的立場。假設透過上個步驟，你認爲自己是自由主義者，這代表你在多數案例上的判斷跟自由主義相當接近，但不保證你們在所有案例上的判斷都相同（畢竟自由主義內部也有不同陣營）。在這個時候，你可以找出那些讓你和典型自由主義者意見最相左的案例，反思自己的理由，想想你可以對這些「異議同溫層」說些什麼。

如果想要更進一步，你可以試著挑戰對手。假設你認為正義和自由有重要聯繫，那麼你在各種案例上，將與效益主義者和社群主義者有重大衝突。自由主義者不是笨蛋，而效益主義者和社群主義者也不是。他們的想法在你看來可能令人髮指，但若你因此認為那些言論背後沒有什麼值得思考和探討之處，就很難指望討論有進展。當然，要說服立場距離非常遙遠的人，永遠都很困難。但至少《正義》裡清楚的理論整理可以幫助你理解對方，增加溝通的可能性。

走到這一步，代表你體會了對價值問題進行哲學思索的一些好處。對內，哲學讓你更了解自己，對外，哲學讓你更了解自己的想法如何鑲嵌於人群、和其他人的立場有何關聯。當然，理解和說服都無法一蹴可及，不過當我們開始嘗試，才真正開始有機會脫離「無法談論政治」的困境。

（本文作者為沃草公民學院主編）

推薦序

讓道德與政治問題重回台灣公共辯論的對話平台

黃益中

這些年來，因為出書關係，有時候會接一些演講，我發現特別是在面對老師或學生聽眾時，Q&A時間總會有人問我：「黃老師你能不能推薦一兩本書給我們閱讀？」或者問：「有沒有哪一本是影響你最深的書？」

一般來說我的制式回答都是，我實在很難立馬推薦哪一本書，我總覺得每本書都有其獨特性，不需要特別限定在哪一類，社會科學有它的思考性，歷史人文也有它的啓發性，就連旅遊書你認真看也許收穫還更多。但如果換個方式問我，有沒有哪一本書是我一看再看，雖然不知何時會再去翻，但一定放在書架絕對捨不得借人，有的，就是桑德爾教授這本《正義》。

這本書風行全世界，二〇一一出版時也是台灣暢銷書常勝軍，我當時已是高中公民教師，原本也只是躬逢其盛買一本跟著趕熱潮，結果一翻欲罷不能，內容好看自不在話下，它對我職涯最大的改變是翻轉我上課的教室，把我從一個單純傳道授業的教書匠，轉變成能與學生雙向回饋的提問者吸收者。

我在YouTube收看哈佛開放式課程「正義」（Justice）時，我看到的不只是桑德爾個人知識涵養的呈現，更重要的是，他讓台下數百位學生也成了思辨的主角，他用循序漸進、有層次的拋問式教學，引導學生進入道德兩難的情境，然後用哲學底蘊的理性對答，清楚呈現每個人對議題的論述。原本應該是艱澀枯燥的哲學課程，透過鏡頭竟然可以像知識性節目般引人入勝，你除了讚嘆桑德爾個人的主持／授課魅力，倒不如反思是怎樣的一條思辨途徑，讓這些人類社會長年歷久的道德議題，在聽眾／學生的反饋裡，有了新的詮釋方式。

一個我們從小到大最簡單的命題「少數服從多數」，在民主社會被視為理所當然，可是如果少數永遠都是同一群弱勢者，又或者如果你就是那個少數，你還會拿著邊沁的功利主義，去理性計算這合乎最大多數人幸福的公共利益嗎？而在尊重市場機制震天價響的現今社會，自由至上主義似乎無往不利，桑德爾提醒讀者，你情我願的人吃人金錢交易也是一種自由權，然後比爾蓋茲與麥可喬丹的超高收入，是不是也不該被政府課大筆所得稅去救濟所謂的窮人？

《正義》書中這些啓發性的對答，我也試著帶入高中的公民與社會課程，甚至在二〇一五年寫成代表作《思辨：熱血教師的十堂公民課》。我再也不直接教理論給答案，尤其在提到社會時事議題時，由於高中生絕大多數沒有親身經歷，如何把弱勢的聲音傳遞給學生，將同情心轉化成同理心，一直是我面臨的極大挑戰。桑德爾教授帶領我們用羅爾斯的思路來思考正義：想像大家在「無知之幕」之後做選擇，大家在幕後暫時不知自己是誰，在這種平等的初始狀況下，這樣講好的原則就會符合正義。

爲了更加簡化，我自己在課堂上會再舉一個例子來說明：「夫妻離婚時要分財產，雙方財產包括存款、房子、車子等。請各位同學想想：怎麼樣分最公平？」最常聽到的回答大概都是：「把房子車子都賣掉換得現金，再把所有現金加起來除以二。」這鐵定不會是最佳答案，經過一整輪熱烈的討論後，如果都沒猜中，我才會出來說明：「其實一個最簡單的方法，就像切蛋糕一樣，只要指定夫妻其中一方將所有財產分成兩部分，但是卻由另一方優先選擇一部分，這樣分出來的財產絕對是最公平的！」

這就是「無知之幕」要告訴我們的事，沒有人會害到自己，「如果我是那個要被犧牲掉的少數呢？」有趣吧！複雜的哲學問題，用桑德爾式的提問，眞如醍醐灌頂一語點醒夢中人。

好書值得推薦，經典更值得一讀再讀。很高興先覺出版社今年推出新譯本，除了前述正義原則的思考，書中還帶入直到今日在台灣仍受到高度關注的道德議題：諸如同性婚姻是否應該合法化？該不該引進代理孕母制度？募兵制與徵兵制的取捨？亦或者日本、德國，以及澳洲政府是否該對過去不公不義的罪行道歉。

當前台灣社會雖關心公民議題，然而網路訊息紊亂片斷、虛假、輕率等情況比比皆是，沒有思辨的對話脈絡，容易流於民粹理盲，這對公民社會的成長是一大損傷。期待《正義》的重新出版，能讓這些道德與政治問題，回歸公共辯論的對話平台，也把台灣民主欠缺的理性政治文化一併找回來！

（本文作者爲高中公民教師、《思辨》作者）

推薦序

思辨正義，照見更高的內涵與高度

幸佳慧

新聞或網路論壇裡充斥著「公理」與「正義」這些字眼，彷彿任何團體或個體透過不同事件都在這類字詞定義，但這些凜然聲明的訴求卻時常彼此衝突。難道，「正義」也淪爲自由時代的附屬產物？不過是發聲者的各取所需而已？

沒這麼悲觀。跟著西方哲學思想家們照見人類獨有的「理性」做思辨，你會發現「正義」有更高的內涵，而「人性」也該有它的高度。桑德爾引領我們進行的辯證，並非是遙不可及的形而上思想，它們落在我們周遭大小事務的細微處，遍及我們所關心的、所控訴的、所伸張的事務，與所追求的美好生活。倘若我們已來到人人都該以「公民」自許的時代，那麼這本書有如駕照，通過這場思辨的驗證，新手上路便能保有更多的信心。

（本文作者爲作家）

台灣版獨家作者序

思考「正義」，才能促使我們思考最好的生活方式

《正義》這本書探討了哲學當中歷久不衰的問題：正義代表的是追求效用最大化，或是尊重人性尊嚴，還是提倡德行？如果一個公正的社會應該允許任何不平等的存在，那麼應該是哪些種類的不平等？我們對自己的同胞是否比起對陌生人負有更多的義務？寬容是否要求法律必須對美好人生的不同概念保持中立，或是法律應該確立特定的道德理想？身為公民的我們對彼此負有哪些義務？

過去的偉大哲學家都辯論過這些問題，但這些問題仍然持續存在。哲學不會產生決定性的答案。但儘管如此，每當我們試圖思考如何過自己的人生，或是扮演良好的公民角色，所有人——不只是哲學家——就都不免要面對這些問題。

《正義》面世至今已將近十年，我很高興台灣的讀者現在可以看到這部新譯本。《正義》當中討論的若干道德與政治問題，直到今天仍在公共辯論當中居於最重要的地位：一個

公正的社會該如何處理收入與財富不平等的問題？社會財貨與機會，諸如醫療與教育，該怎麼分配社會財貨與機會才算公平？是否應該允許同性婚姻？社會是否應該致力於培養公民的德行？如果應該的話，那麼該培養哪些德行？

另外有些當今人們正在辯論的問題，則是在《正義》出版之後才開始獲致重要地位。其中有些問題所包括的主題，是我在二〇一二與二〇一七年兩度造訪台灣所舉行的講座中，與年輕人以及其他民眾討論過的：像人工智慧這樣的新科技，會造成什麼樣的道德影響？社群媒體會促進或削弱公共論述中的禮儀？隱私是否仍然重要，或者隱私在大數據的時代已經成了過時的東西？在醫療與教育領域中，有沒有可能避免市場價值觀腐蝕非市場價值觀？面對生育率降低與平均壽命日益延長的情況下，我們如何能夠在過去向退休人士做出的承諾以及支持幼托與教育的需求之間做出調和？我們是否需要在不同的世代之間訂立一份新的社會契約？

那兩趟台灣之行爲我帶來了深刻啓發，而講座參與者在那些問題上展現出來的深入思考與熱情也令我難以忘懷。我將會一直記得六千五百人在台灣大學體育館和我一起熱烈辯論正義問題與當代議題的關係。能夠數度與台灣的知名教授與學者進行對談，也令我深感榮幸。

希望這部《正義》新譯本的出版，能夠促使眾人持續對我們在公眾生活中面對的兩難困境進行道德省思，並且重新搭起我與台灣對話交流的橋樑。

邁可．桑德爾謹識於美國麻州劍橋

1.
爲所當爲

二〇〇四年夏，颶風查理由墨西哥灣呼嘯而出，一路橫掃佛羅里達州直抵大西洋。這場風暴導致二十二人喪生以及一百一十億美元的損失①，而且也帶來了一場關於哄抬物價的辯論。

奧蘭多的一座加油站以十美元的價格販售原價只要兩美元的袋裝冰塊，在八月天因爲停電而無法使用冰箱或冷氣機的情況下，許多人別無選擇，只能乖乖掏錢。因爲樹木被颶風吹倒，造成鏈鋸和屋頂維修的需求激增。一名屋主的屋頂上倒著兩棵樹木，包商開出的清理價格爲兩萬三千美元。小型家用發電機的售價從平日的兩百五十美元變成兩千美元。一名七十歲的婦人帶著她年邁的丈夫與殘障的女兒逃離颶風，卻發現平常一夜四十美元的汽車旅館房間，現在竟然要價一百六十美元②。許多佛州居民都對價格飆漲的現象氣憤不已。《今日美國報》一則報導的標題指出「風暴過後，禿鷹隨之而來」。一個被傾倒樹木砸中屋頂的居民聽到開價一萬五千美元的清理費用之後，指稱「利用別人的困境與悲慘遭遇來牟利」是不對的事情。佛州的州檢察長克瑞斯特（Charlie Crist）表示同意：「有些人竟然樂於在颶風過後利用別人的痛苦謀取好處，這種人的靈魂中必定帶有的貪婪程度實在令我深感震驚③。」

佛羅里達州訂有禁止哄抬物價的法律。在颶風過後，州檢察長辦公室收到了超過兩千則投訴，其中有些官司也被判定商家有罪。西棕櫚灘的戴斯飯店因爲對顧客超額收費，而必須支付七萬美元的罰款與賠償金[4]。

不過，就在克瑞斯特忙著執行物價哄抬法律之時，有些經濟學家卻主張這項法律以及大衆的憤慨，其實是錯了。在中世紀時期，哲學家與神學家認爲商品的交易應該受到「公道價格」支配，而所謂的公道價格則是由傳統或物品的內在價值所決定。但那些經濟學家指出，在市場社會裡，價格乃是由需求與供給決定，所以沒有所謂的「公道價格」。

自由市場經濟學家索維爾（Thomas Sowell）把哄抬物價稱爲一種「情感上極爲強烈但經濟上毫無意義的用語，大多數的經濟學家都不予理會，因爲這種用語的概念顯得太過混亂，不值一顧」。索維爾在《坦帕論壇報》撰文，試圖說明「『哄抬物價』如何幫助佛州居民」。他寫道，「價格一旦大幅高於一般人習慣的程度」，就會出現哄抬物價的指控，但是「你恰好習以爲常的價格水準」不具有道德神聖性。比起各種市場狀況可能造成的價格，其中包括由一場颶風引起的市場狀況，你習慣的那些價格並沒有什麼「特殊或者『公平』之處[5]」。

索維爾指出，提高冰塊、瓶裝水、屋頂維修、發電機以及汽車旅館房間的價格有其好處，包括限制消費者使用這些事物，以及提高誘因，促使遠地的供應商提供颶風過後最有需要的商品與服務。佛州居民在八月的炎熱天氣中面臨停電的狀況下，如果一袋冰塊可以賣到十美元，那麼冰塊製造商就會願意生產以及運送更多的冰塊到佛州來。索維爾說明指出，這些價格沒有任何不公正之處，只是單純反映了買賣雙方為他們交易的事物所賦予的價值而已⑥。

支持市場的評論家雅各比（Jeff Jacoby），也在《波士頓環球報》以類似的理由反對物價哄抬法律：「開出市場願意承受的價格不算哄抬。這種行為不算貪婪，也不是恬不知恥，只是商品與服務在自由社會裡的分配方式而已」。雅各比承認「價格飆漲確實極為惱人，對於生活剛因為一場致命風暴而陷入混亂的人士而言更是如此」。不過，公眾的憤怒不是干涉自由市場的正當理由。看似過高的價格能夠為供應商提供生產更多所需商品的誘因，因此「造成的好處遠大於壞處」。他的結論是：「把商家妖魔化不會加快佛羅里達州的復原速度，讓他們如常運作才會⑦」。

州檢察長克瑞斯特（他是共和黨員，後來當選為佛州州長）在坦帕的報紙上發表了一篇特稿，為物價哄抬法律辯護：「在緊急時刻，人民逃難求生或是在颶風過後為自己的家人尋求基本商品，卻遭到收取不道德的價格，政府絕不能袖手旁觀⑧。」克瑞斯特不認為那些「不道德」的價格反映了真正的自由交易：

在正常的自由市場狀況中，有意願的買家自由選擇進入市場中，與有意願的賣家相會，然後依據供給與需求對價格達成合意；但當前的情形不是正常的自由市場。在緊急狀況中，遭受壓力的買家沒有自由。他們購買必需品的行為，例如尋求安全的住處，是遭到強迫的結果⑨。

在颶風查理過後出現的物價哄抬辯論，引起了關於道德與法律的艱深問題：商品與服務的販賣者利用自然災害而開出市場願意承受的價格，是錯誤的行爲嗎？如果是的話，那麼法律該怎麼加以因應？佛州政府應該禁止哄抬物價嗎？就算這麼做不免干預買家與賣家依據自身選擇而從事交易的自由？

福利、自由，與德行

這些問題不只涉及個人該怎麼互相對待，也涉及法律應該有什麼樣的內容，以及社會該採取什麼樣的組織安排。這些問題涉及正義。要回答這些問題，我們就必須探究正義的意義。實際上，我們已經開始這麼做了。你只要仔細檢視物價哄抬的辯論，就會注意到其中的支持與反對論點都圍繞著三個觀念：追求福利最大化、尊重自由，以及提倡德行。這三個觀念都各自指向思考正義的不同方式。

支持市場放任的標準論點以兩項主張爲基礎：一項主張是關於福利，另一項關於自由。首先，市場提供誘因，促使人致力供給別人想要的商品，而藉此促進社會的整體福利（以常見的用語來說，我們經常把福利等同於經濟繁榮，但福利是一種比較廣泛的概念，其中也可以包含社會福祉的非經濟面向）。第二，市場尊重個人自由；與其將特定價值強加於商品與服務上，市場會讓人自行選擇要爲他們交易的物品賦予多少價値。

不意外，物價哄抬法的反對者即是訴諸自由市場的這兩項常見論點。物價哄抬法的辯護者怎麼回應呢？第一，他們主張在艱困時期對商品與服務收取過高的價格其實無益於社會整體福利。就算高價確實能夠造成商品供給增加，這項利益也必須和負面的影響互相權衡，也就是高價對於最沒有能力負擔這些價格的人口所造成的沉重壓力。對於富裕人口而言，在風暴期間爲一加侖的汽油或者一間汽車旅館房間支付高於尋常的價格也許是一件惱人的事情；但對於財力薄弱者而言，這樣的價格卻會造成眞正的困難，可能會導致他們選擇待在危險中，而不是逃往安全的處所。物價哄抬法的支持者指出，對於整體福利的估計，絕對必須包含那些在緊急狀態中因爲價格飆升而負擔不起日常必需品的人口所遭受的苦難。

第二，物價哄抬法的辯護者認爲，自由市場在特定狀況下其實不自由，如同克瑞斯特指出：「遭受壓力的買家沒有自由。他們購買必需品的行爲，例如尋求安全的住處，就是遭到強迫的結果。」你如果必須帶著家人逃離颶風，那麼你爲了汽油或棲身處而支付的過高價格其實不是自願交易的結果，而比較像是勒索。所以，要決定物價哄抬法究竟是否具有正當性，就必須評估這些福利與自由的對立陳述。

不過，我們也必須考慮另一項論點。物價哄抬法獲得的大衆支持主要來自一種比福利或自由更直覺的感受。一般人都對於利用別人的迫切需求牟利的「禿鷹」深感憤慨，因此希望他們受到懲罰，而不是獲得意外之財的獎賞。這類感受經常被摒斥爲原始的情緒，不該對公共政策或法律造成影響，如同雅各比所寫的：「把商家妖魔化不會加快佛羅里達州的復原速度⑩。」

不過，對於哄抬物價者感到的憤慨不只是缺乏理性的憤怒，而是指向了一項値得認眞看待的道德論點。憤慨是一種特殊的憤怒情緒，你如果認爲人遭受其不該受到的待遇，就會產生這種感覺。這種憤慨是對於不正義所感到的憤怒。

克瑞斯特提及「有些人竟然樂於在颶風過後利用別人的痛苦謀取好處」，並且描述了「這種人的靈魂中必定帶有的貪婪程度」，此即觸及了憤慨的道德源頭。他沒有把這段評論明確連結於物價哄抬法，但其中隱含了下列這項論點，我們也許可以稱之爲德行論點。

根據典型的教科書論述，這個問題即是古代與現代政治思想的主要分野。在一個重要面向上，教科書的這種說法確實沒錯。亞里斯多德主張正義就是給予人們應有的待遇。而要決定誰值得獲得什麼樣的待遇，我們就必須決定哪些德行值得受到表彰與獎賞。亞里斯多德堅認我們必須先思索出最受人渴求的生活方式，才有可能得知公正的政治制度是什麼模樣。在他看來，法律對於美好人生的問題不可能保持中立。

相對之下，現代政治哲學家，從十八世紀的康德乃至二十世紀的羅爾斯，則是主張界定我們權利的正義原則不該立基在任何特定的德行概念上，或是任何特定的最佳生活方式。相反的，正義的社會尊重人的選擇自由，因此每個人都可以選擇自己認同的美好生活概念。

所以，你也許可以說古代的正義理論始於德行，現代的理論則是始於自由。在後續的章節裡，我們將探究這兩者的優缺點。不過，值得在一開始就指出的是，這項對比有可能造成誤導。

如果我們把目光轉向當代政治所奠基其上的那些正義論點——不是哲學家提出的論點，而是一般人抱持的論點，就會發現情形其實複雜得多。我們大多數的論點確實都把重點放在促進繁榮以及尊重個人自由，至少表面上是如此，可是在這些論點背後，我們經常可以瞥見另一套信念：關於哪些德行值得受到表彰與獎賞，以及良好的社會應該倡導什麼樣的生活方式，而且這套信念有時也不免與那些論點形成互相競爭的狀態。我們雖然深深注重繁榮與自由，卻擺脫不了正義的評判面向。認定正義不僅涉及選擇，也涉及德行，是一項根深柢固的信念。思考正義似乎無可避免地會促使我們思考最好的生活方式。

什麼樣的傷有資格獲頒紫心勳章？

在有些議題中，德行與表彰的問題明顯得無可否認。看看近來關於誰有資格獲得紫心勳章的辯論。自從一九三二年以來，美國軍方都會頒授勳章給在戰鬥中因爲敵軍行動而受傷或死亡的軍人。除了代表榮譽之外，這枚勳章也可讓獲頒者在退伍軍人醫院當中享有特殊待遇。

自從在伊拉克與阿富汗的戰爭展開以來，已有愈來愈多的退伍軍人被診斷出創傷後壓力症候群，並且因此接受治療。這種疾病的症狀包括不斷做惡夢、嚴重憂鬱，以及自殺。據報至少有三十萬名退伍軍人遭受創傷壓力或者重度憂鬱所苦。爲這些退伍軍人爭取權益的人士主張他們也應該獲頒紫心勳章。那些人士指出，由於心理創傷對人造成的痛苦至少不亞於生理創傷，因此遭受心理創傷的軍人也應該得到這種勳章[11]。

在，關於正義的大多數爭論都是著重在如何分配繁榮的果實或者艱困時期的重擔，以及如何定義公民的基本權利。在這些領域裡，福利與自由的考量占有主導地位。不過，關於經濟安排的對錯所進行的爭論，也經常會把我們帶回亞里斯多德的那個問題——人在道德上應當受到什麼待遇？而且原因何在？

紓困引起的憤慨

二〇〇八～二〇〇九年間的金融危機引起的大衆怒火，就是一個典型的例子。多年來，股價與房地產價格都不斷攀升，但是後來房市泡沫破裂戳破了市場榮景的表象。華爾街的銀行與金融機構在過去憑著房貸的資助而以複雜的投資賺進數十億美元，但現在那些房貸的價值都已大幅崩跌。一度自負不已的華爾街公司，現在都瀕臨倒閉邊緣。股市暴跌，不只重創大型投資商，也殃及尋常美國百姓，導致他們的退休帳戶損失了大部分的價值。美國家庭的財富總和在二〇〇八年減少十一兆美元，相當於德、日、英三國加總起來的年產值⑯。

二〇〇八年十月，小布希總統要求國會撥付七千億美元爲美國的大銀行與金融機構紓困。華爾街在順遂的時候享有鉅額利潤，現在狀況一轉壞就要求納稅人掏錢收爛攤子，感覺實在不公平。然而，事情看來卻是別無其他選項。銀行與金融機構已經成長得極度巨大，並且與經濟的每個面向都密不可分，萬一它們倒閉了，恐怕會導致整個金融體系跟著瓦解，也就是說，它們「大到不能倒」。

沒有人說那些銀行與投資機構應得那些錢。金融危機之所以會發生，就是因爲它們輕率莽撞的賭注（由於政府管制不周，使得它們能夠這麼做）。但是在這個例子裡，整體經濟的福利顯然超越了公平的考量，國會心不甘情不願地撥付了紓困資金。

接著出現了紅利的問題。開始撥付紓困資金不久之後，新聞報導揭露有些接受公共資金挹注的公司竟然發放了數百萬美元的紅利給高階主管，其中最令人不齒的例子是美國國際集團（American International Group, A. I. G.），這家保險巨擘因其金融產品部門的高風險投資而瀕臨破產，因此獲得鉅額政府資金的挹注（總計一千七百三十億美元）才逃過一劫，卻發放了一億六千五百萬美元紅利給造成這場危機的部門中的高階主管，七十三名員工獲得了一百萬美元以上的紅利⑰。

這些紅利的新聞引發了一場公衆抗議的激烈風暴。這一次，民衆的憤慨不是針對十美元一袋的冰塊或者價格過高的汽車旅館房間，而是針對那個導致全球金融體系差點崩潰的部門的員工，竟然能夠領到由納稅人資金補助的大筆獎賞。這種情形顯然有問題。美國政府現在然拒絕爲自己的失敗負起責任。「他們要是願意仿效日本人的做法，對美國人民深深一鞠躬，說：『我很抱歉』，然後做出這兩種行爲——辭職或者自殺，」那麼他就會「比較瞧得起他們一點」[28]。

葛拉斯利後來解釋說他不是呼籲那些高階主管自殺，不過他確實希望他們爲自己的失敗負起責任，表現出懺悔的態度，並且提出公開道歉。「我沒聽到那些執行長這麼說，而這點讓我選區裡的納稅人非常難以繼續把錢往門外送[29]。」

葛拉斯利的評論支持了我的直覺，也就是紓困引起的憤怒主要不是針對貪婪，眞正冒犯了美國人的正義感的原因，是他們的納稅錢被拿去獎賞失敗。

如果這點確實沒錯，我們還是必須問這項看待紓困的觀點是否合理。金融危機是否眞的應該歸咎於大型銀行與投資機構的執行長與高階主管？那些主管中有許多人並不這麼認爲。他們出席調查金融危機的國會委員會作證，堅稱他們已經依據自己可得的資訊做到了力所能及的一切。在二〇〇八年倒閉的華爾街投資公司貝爾斯登，其前執行長指稱他努力思考了很長一段時間，想著自己能對什麼事情採取不同做法，而結論是自己能做的一切都已經做了：「我完全想不出有什麼做法……能夠改變我們面臨的狀況[30]。」

其他倒閉公司的執行長也表示同意，堅稱他們是一場超越其控制能力之外的「金融海嘯」的受害者[31]。年輕的交易員也抱持類似的態度，難以理解大衆爲何對他們的紅利如此憤怒。「完全沒有人同情我們，」一名華爾街交易員向《浮華世界》的記者表示：「可是我們又不是沒有努力工作[32]。」

海嘯的隱喻成了紓困用語的一部分，尤其是在金融圈當中。如果那些高階主管說得沒錯，他們公司的失敗確實是某種龐大經濟力量造成的結果，而不是因爲自己的決策，那麼即可解釋他們爲什麼沒有表達參議員葛拉斯利希望聽到的那種懊悔。不過，這點也針對失敗、成功以及正義提出了一項深遠的問題。

如果說二〇〇八與〇九年的災難性損失，是龐大的全面性經濟力量所造成的後果，是不是表示前幾年的豐厚利潤也是那些力量帶來的成果？如果說天氣是導致荒年的罪魁禍首，那麼豔陽高照下的豐厚報酬怎麼可能是來自於銀行員、交易員以及華爾街高階主管的才能、智慧與努力？

面對大衆對於爲失敗支付紅利所感到的憤慨，那些執行長於是聲稱財務報酬不完全來自他們的作爲，而是超出他們控制之外的力量所造成的結果。他們這麼說也許有其道理。可是如果眞是這樣，那麼就有充分的理由質疑他們在順遂時期領取的鉅額薪酬。冷戰的結束、貿易與資本市場的全球化、個人電腦與網路的興起，還有其他許許多多的因素，無疑都有助於解釋金融產業在一九九〇年代與二十一世紀初期的成功。

二〇〇七年，美國主要企業的執行長領取的酬勞是一般工作人口的三百四十四倍[33]。高階主管有什麼理由可以有資格領取比員工高出那麼多的酬勞？大多數的高階主管確實都非常努力工作，也把他們的才能投注在工作上。但是想想這一點：在一九八〇年，企業執行長領取的酬勞只是手下員工的四十二倍[34]。難道一九八〇年的高階主管在才能與努力程度上都比不上當今的高階主管嗎？或者酬勞的差別反映了與天賦還有技能無關的偶然影響因素？

或許，我們也可以比較美國和其他國家的主管酬勞。美國頂尖公司的執行長每年的平均收入是一千三百三十萬美元（根據二〇〇四～〇六年間的資料），歐洲的企業總裁是六百六十萬美元，日本的企業執行長則是一百五十萬美元[35]。美國的高階主管是不是比歐洲的強了一倍，更比日本的執行長強了八倍？還是說這些差別所反映的影響因素，也和高階主管投注在工作上的努力與才能無關？

二〇〇九年初在美國爆發的紓困憤慨表達了這項廣泛存在於一般人心目中的觀點，認爲企業領導人如果以冒險的投資搞垮自己經營的公司，就沒有資格獲得數百萬美元紅利的獎賞。不過，關於紅利的爭論引起了其他問題，也就是在諸事順遂的時候，什麼人有資格得到什麼。成功人士是否有資格獲得市場賦予他們的豐厚獎賞，還是那些獎賞其實仰賴於超出他們控制之外的因素？此外，這點對於公民的相互責任（包括在順遂與艱苦的時期）有什麼影響？金融危機是不是會對這類更廣泛的問題促成公開辯論，仍有待後續觀察。

思考正義的三種方式

探討一個社會是否公正，就是在問這個社會如何分配我們重視的事物——收入與財富、義務與權利、權力與機會、職位與榮譽。一個公正的社會懂得以正確的方式分配這些財貨，讓每個人得到自己所應得。困難的問題在於每個人究竟應得什麼，以及他們為什麼應得那些東西。

我們先前就已開始探究這些問題。在我們思索哄抬物價的對錯、紫心勳章的相對主張，以及金融紓困之時，已經區辨了分配財貨的三種方式：福利、自由，以及德行。這三種理想分別代表了思考正義的不同方法。

我們有些辯論反映了我們對於何謂追求福利最大化、尊重自由或者培養德行所懷有的不同想法。另外有些辯論則是涉及我們對於這些理想互相衝突之時該採取什麼做法所抱持的不同意見。政治哲學無法一舉徹底解決這些歧見，但能夠形塑我們的論點，並且為身為民主公

出現在個人內心，例如我們發現自己對於一個困難的道德問題感到左右為難的時候。

不過，究竟怎麼樣才能夠從自己對於具體情境做出的評判，推論出我們認為應該適用於所有情境的正義原則？簡言之，道德推論究竟是由什麼所構成？

要理解道德推論可以怎麼進展，且來看看兩個情境：一個是天馬行空的假設性故事，經常受到哲學家討論，另一個是一則眞實故事，涉及一項令人深感痛苦的道德兩難。首先來看看哲學家的假想狀況[36]。如同所有這類故事，其中的情景也消除了許多眞實世界的複雜細節，好讓我們把注意力聚集在數量有限的哲學議題上。

失控的電車

假設你是一輛電車的駕駛，正以六十英里的時速行駛在軌道上，看見前方有五個工人拿著工具站在軌道上。你試著煞車，卻發現煞車失靈了。你心感絕望，因為你知道你只要撞上那五個工人，他們就全部都會死（假設你確知這一點）。

突然間，你注意到右邊有一條側線軌道，那條軌道上也有一個工人，可是就只有一個人。你意識到自己可以讓電車轉彎開上那條側線，撞死那個工人，但讓另外五個人逃過一劫。

你該怎麼做？大多數人會說：「轉彎！撞死一個無辜的人雖是悲劇，但撞死五個人更慘。」犧牲一條性命以拯救五條性命，看起來的確是正確的選擇。

接下來，想想電車故事的另一個版本。這一次，你不是駕駛，而是旁觀者，站在一座橋上俯瞰著軌道（這一次沒有那條側線軌道）。你看到一部電車沿著軌道駛來，而軌道末端有五個工人。電車一樣煞車失靈，即將撞上那五個工人。你覺得自己無力避免這場災難，然後才突然發現你身旁站著一個體型很胖的人。你可以把他推下橋，讓他跌到軌道上，這麼一來他會被電車撞死，但那五個工人即可撿回一命（你考慮過自己跳下去，但理解到自己體型太小，不足以卡住那部電車）。

把那個體型胖大的人推到鐵軌上是不是正確的選擇？大多數人會說：「當然不是。把那個人推到鐵軌上絕對是大錯特錯。」

把一個人推下橋而導致他送命，看起來的確是一項很可怕的行爲，就算這麼做能夠挽救五條無辜性命也是一樣。不過，這麼一來就不免引起一項令人費解的道德謎題：犧牲一人而拯救五人的原則爲什麼在第一個案例中看來正確，在第二個案例中看起來卻不是如此？

如果我們對第一個案例的反應沒錯，也就是說人數多寡確實重要，如果說救五條性命確

我們常認爲道德推理是一種說服別人的方式，但其實也是一種釐清自身道德信念的方式，藉此確認我們相信什麼，以及爲何會有這樣的想法。

有些道德兩難源起於互相牴觸的道德原則。舉例而言，電車故事涉及的一項原則主張，我們應該盡可能挽救愈多人的性命愈好，另一項原則卻主張殺害無辜的人是錯誤的行爲，就算是爲了行善也不例外。

面對必須殺死一個無辜的人才能挽救幾條性命的情境，我們就陷入了道德困境，必須設法釐清哪一項原則比較重要，或者在此一狀況下較爲適切。

另外有些道德兩難之所以會出現，原因是我們不確定事情會有什麼樣的發展。像電車故事這樣的假設性例子消除了現實生活中做選擇之時必須面對的不確定性。這類例子假設我們確知自己如果不轉向（或者不把人推下橋）就會造成多少人死亡。由於這個原因，這類故事不是理想的行動指引。另一方面，這類故事也因此成爲很有用的道德分析工具，藉著排除可能發生的狀況，例如那些工人注意到電車衝過來而及時跳開呢？假設性例子有助於我們把當下涉及的道德原則獨立出來，並且檢驗其效力。

阿富汗牧羊人

接下來，我們來討論一項實際上的道德兩難，在某些面向上和失控電車的想像故事類似，但因爲無法確定事情會如何發展而變得更加複雜：

二〇〇五年六月，士官盧崔（Marcus Luttrell）與另外三名美國海豹部隊成員組成一支特種部隊，展開一項祕密偵察任務，地點在阿富汗接近巴基斯坦邊界處，目標是要找出一名與賓拉登關係密切的塔利班領導人㊲。根據情報報告，他們的目標手下有一百四十至一百五十名全副武裝的戰士，並且藏匿在險惡山區的一座村莊裡。

這支特種部隊在俯瞰那座村莊的一處山脊上就定位之後，兩名帶著一百頭山羊的阿富汗牧人無意間撞見了他們。那兩名牧人身邊還跟著一個年約十四歲的男孩。那三名阿富汗人沒有武裝。美國士兵以步槍槍口對著他們，示意他們在地上坐下來，然後爭論著該怎麼處理他們。一方面，那幾個牧羊人看起來像是沒有武裝的平民；另一方面，放他們走也是一大風險，因爲他們可能會向塔利班通風報信。

就在這四名士兵思考著他們的選項時，他們意識到自己沒有繩子，無法把那些阿富汗人綁起來以便爭取時間找尋新的躲藏地點。他們只能殺了那些牧羊人，不然就是放走他們。

盧崔的一名同袍主張殺了那些牧羊人：「高階指揮官派遣我們在敵後執行任務，有權採取一切作爲保全自己的性命。我們面對的軍事決策明顯可見，放走他們是錯誤的選擇[38]。」盧崔左右爲難。「在我的靈魂深處，我知道他說得沒錯，」他在事後寫道：「我們不可能放走牧羊人，我的問題在於我還有另一個靈魂，也就是信奉基督教的靈魂盤據著我的心頭。我的腦子裡有個聲音不斷對我說，冷血處決這些手無寸鐵的人會是錯誤的行爲[39]。」盧崔沒有說他所謂的信奉基督教的靈魂是什麼意思，但他的良心終究不允許他殺害那些牧羊人，他投下了放走他們的關鍵票（三名同袍當中有一人棄權）。這個決定後來令他深感後悔。

放走那些牧羊人後過了大約一個半小時，這四名士兵即遭到八十至一百名持有AK-47步槍與火箭筒的塔利班戰士包圍。在接下來的激烈交火當中，盧崔的三名同袍都不幸戰死。塔利班戰士還擊落了一架想要救援這支海豹部隊的美軍直升機，機上的十六名士兵無一倖免。

身受重傷的盧崔藉著滾落山坡，並且爬行七英里抵達一個普什圖人的村莊而保住一命。村莊的居民保護他不被塔利班發現，直到他獲救爲止。

事後回顧起來，盧崔痛斥自己當初不該投票選擇不殺那幾個牧羊人。「那是我這輩子做過最蠢、最白痴、最沒有頭腦的決定，」他在一本講述那段經歷的著作裡寫道：「我當時一定是瘋了，明明知道投下那一票等於是宣判我們的死刑，卻還是投了下去。……至少，我現在回顧那個時候是這麼認爲。……決定性的一票是我投下的，而這個決定將會永遠縈繞在我的心頭上，直到我被埋進東德州墓園爲止[40]。」

這群士兵面對的兩難困境之所以令人如此難以抉擇，原因是他們無法確知放走那些阿富汗人會造成什麼後果。他們會單純離開，或是通報塔利班？不過，假設盧崔知道放走牧羊人將會導致一場損失慘重的戰役，造成他的同袍以及其他十六名美國士兵陣亡，他自己身受重傷，任務也將因此失敗，他是不是會做出不同的決定？

在盧崔眼中，事後回顧起來的答案顯而易見：他應該殺了那些牧羊人。從後續發生的慘劇來看，我們很難反對這項結論。從人數的觀點而言，盧崔的選擇與電車案例類似。殺死三名阿富汗人將可讓他的三名同袍與那十六名試圖救援他的美國士兵保住性命。可是，這個狀況比較類似於電車案例的哪個版本？殺死那些牧羊人會比較像是把電車轉向，還是把人推下橋？盧崔雖然預見了自己可能面對的危險，卻還是無法冷血槍殺那幾個手無寸鐵的平民，顯示這個狀況可能比較接近於推人下橋的案例。

然而，殺死牧羊人的理由看起來還是比推人下橋來得充分，也許是因爲事情的結果令我們懷疑這幾人並不是無辜的旁觀者，而是塔利班的支持者。想想這項類比：我們如果有理

2.
最大幸福原則／功利主義

一八八四年夏季，四名英國水手受困於海上，搭著一艘小小的救生艇漂浮於南大西洋，距離陸地超過一千英里遠。他們原本的船隻木犀草號在一場風暴中沉沒，於是他們逃上這艘救生艇，艇上只有兩罐醃大頭菜，而且沒有淡水。杜德利是船長，史蒂芬斯是大副，布魯克斯是水手，「全都是品格優良的人」，報紙的報導指出①。

救生艇上的第四個人是船艙服務員帕克，年齡只有十七歲。他是個孤兒，這是他第一次長程航海。他不顧朋友的反對而報名參加了這趟航程，「懷著年輕人的抱負與希望」，認爲這趟旅程將會讓他由男孩成長爲男人。可惜事與願違。

在救生艇上，這四名受困的水手望著海平線，希望會有一艘船隻經過而把他們救起來。在頭三天，他們每人都只吃少量的大頭菜。第四天，他們抓到了一隻海龜。他們在接下來幾天靠著那隻海龜還有剩下的大頭菜勉強維生。接著，在後續的八天裡完全沒有東西吃。

到了這時候，船艙服務員帕克已經躺在救生艇的角落。他不顧其他人的忠告而喝了海水，結果因此感到身體不適，看起來似乎已經奄奄一息。在他們受困於海上的第十九天，船長杜德利提議抽籤決定犧牲哪個人的性命讓其他人存活下來。不過，布魯克斯拒絕這項提議，於是也就沒有抽籤。

又過了一天，還是沒有任何船隻出現。杜德利要求布魯克斯別開目光，然後向史蒂芬斯示意他們必須殺了帕克。杜德利為帕克祈禱，接著對他說他的人生已經走到盡頭，隨即用一把小刀刺進他的頸動脈而殺了他。這時布魯克斯也揚棄良心反對的態度，共同分享了這恐怖的佳餚。在接下來的四天裡，這三人就靠著食用那名船艙服務員的血肉維生。

在這之後，他們才獲得了救援。杜德利在他的日記裡描述了獲救過程，用詞委婉得令人吃驚：「第二十四天，就在我們吃早餐的時候，」終於出現了一艘船。這三名倖存者被救了起來。回到英國之後，他們遭到逮捕接受審判。布魯克斯轉任國家的證人，杜德利與史蒂芬斯則是上法庭受審。他們坦然承認自己殺害並且吃了帕克。他們聲稱自己是出於必要才這麼做。

假設你是法官，你會做出什麼樣的判決？為了簡化問題，暫且不理會法律規定，假設你只須決定殺害那名船艙服務員是否為道德上可以接受的事情。

辯方最具充分理由的論點是，由於當時情況危急，因此必須殺害一人以保全三人的性命。假如沒有人遭到殺害分食，這四人可能都活不下來。身體衰弱又不適的帕克是合理的選擇對象，因為他本來大概就活不了多久了。此外，與杜德利和史蒂芬斯不同的是，他沒有需要照料的家人，他的死亡並沒有導致任何人所需的支持遭到剝奪，也沒有留下哀痛的妻兒和子女。

這個論點至少可以有兩項反對主張：第一，我們可以探問，殺害船艙服務員所帶來的整體效益是否眞的高於成本。就算把因此獲得挽救的性命以及倖存者和家人所感到的快樂全部計算進去，容許這麼一項殺人行爲仍可能對整體社會造成不良後果，例如削弱反對殺人行爲的規範，或者提高一般人濫用私刑的傾向，或是導致此後的船長難以招募船艙服務員。

第二，就算經過各種考量後發現這麼做的效益確實高於成本，我們內心難道不會有一股揮之不去的感受，覺得殺害且食用一名毫無抵抗能力的船艙服務員是錯誤的行爲，而且其背後的理由不僅限於對社會成本與效益的計算？以這種方式使用一個人，利用他的脆弱狀態、在沒有經過他同意的情況下奪走其性命，就算對別人有益，難道不仍然是一種錯誤的行爲？

只要是對杜德利與史蒂芬斯的行爲感到驚駭的人，一定會覺得第一項反對主張過於微弱。這項主張接受了道德僅是衡量成本與效益的功利主義假設，而未能以較爲完整的觀點認知行爲造成的社會後果。

如果殺害船艙服務員應當引起道德憤慨，第二項反對主張就比較切中要害。這項主張反對正確的選擇純粹只是計算後果（亦即計算成本與效益）而得出的結論，且認爲道德帶有其他意義——涉及人類互相對待的適當方式。

這兩種思考方式闡釋了兩種看待正義的對立觀點。第一種觀點認爲，一項行爲的道德性純粹只取決於其所造成的後果，正確的選擇就是在整體考量下能夠造就最佳狀態的行爲。第二種觀點認爲，我們在道德上不該只關注後果，有些義務與權利應該得到我們的尊重，其理由獨立於社會後果之外。

爲了釐清救生艇案例，以及我們經常面臨的其他許多不這麼極端的兩難狀況，我們必須探究道德與政治哲學中的幾個重大問題：道德只是計算活命人數以及衡量成本與效益而已嗎？或者有某些道德義務與人權具有極爲根本的地位，而超越於這種計算之上？此外，如果有些權利具有這樣的根本性，不論是自然的、神聖的、不可剝奪的，或是定言的，要怎麼辨識出這些權利？而且，是什麼原因使得這些權利具有根本性？

邊沁的功利主義

傑瑞米・邊沁（Jeremy Bentham，一七四八～一八三二）對於這個問題的立場確切無疑。他對自然權利的觀念鄙夷不已，稱之爲「踩在高蹺上的胡說八道」。他發起的哲學思想深富影響力。實際上，這種思想直到今天都還是深深左右著決策者、經濟學家、企業主管，以及平民百姓的想法。

反對論點一：個人權利

許多人主張功利主義最顯而易見的缺陷，就是不尊重個人權利。由於功利主義只關注滿意度的總和，因此可能會對個人置之不理。在功利主義者眼中，個人確實重要，但只是在於每個人的偏好都應該和其他每個人的偏好放在一起計算的面向上。不過，這表示功利主義邏輯如果全然適用，即有可能為我們處置特定人士的方式賦予正當性，而那些特定人士，就是違反了我們心目中的禮儀與尊重的根本規範的人。以下且來看看幾個案例：

把基督徒拋給獅子吃

古羅馬人會在羅馬競技場內把基督徒拋給獅子吃以娛樂觀眾。想像看看，功利主義者會怎麼計算這種做法：沒錯，遭到獅子攻擊與吞食必定會使得那名基督徒深感痛苦，可是想想競技場內座無虛席的觀眾共同懷有的興奮情緒。只要有夠多的羅馬人從這場血腥表演中得到樂趣，那麼功利主義者有任何理由譴責這種做法嗎？

功利主義者也許會擔憂這類表演將會造成人民習性的粗俗化，並且在羅馬的街頭上造就更多的暴力；或者令可能的受害者心懷恐懼，只怕自己哪一天也會被丟去餵獅子。這類影響如果夠嚴重，即有可能超越這種表演帶來的樂趣，從而為功利主義者提供禁止這種做法的理由。不過，這樣的計算如果是不再讓基督徒為了群眾的娛樂而遭遇慘死下場的唯一理由，那麼其中是不是少了什麼具有道德重要性的東西？

刑求有沒有可能獲得正當性？

在當代的辯論中也涉及一個類似的問題，刑求恐怖分子嫌疑犯是否具有正當性？以定時炸彈的假設情境為例：想像你是中情局地方分部的主任。你抓到一個恐怖分子嫌疑犯，並且認定他握有當天即將在曼哈頓引爆的核子裝置的資訊。實際上，你有理由懷疑那個炸彈就是他設置的。時間一分一秒過去，他卻拒絕承認自己是恐怖分子，也不肯透露炸彈的地點。在這種情況下，你如果以刑求的方式逼迫他告訴你炸彈所在處以及拆除方式，算不算是正確的行為？

支持的論點以功利主義的計算為起點。刑求會對嫌犯造成痛苦，大幅降低他的幸福或者效用。不過，如果炸彈爆炸，將會導致數以千計的無辜人民喪生。所以，你也許可以說，根

子是應當受到懲罰的壞人。

我們如果修改此一情境，消除其中任何假定罪疚的元素，即可更明白看出這一點。假設我們要促使那個恐怖分子嫌疑犯招供的唯一方法就是以酷刑虐待他的幼女（她對父親的邪惡活動毫不知情）。這麼做在道德上是可以接受的嗎？我猜，即便是堅定的功利主義者，也不免對這個想法感到畏縮。不過，這個刑求情境的版本才是對功利主義原則提出了更加有效的檢驗。這個版本排除了那個恐怖分子嫌疑犯無論如何都應該受到懲罰（不論能否得到我們希望取得的寶貴資訊）的直覺感受，而迫使我們單獨評估功利主義的計算本身。

幸福之城

刑求案例的第二個版本（涉及無辜女兒的那個版本），令人聯想起小說家勒瑰恩（Ursula K. Le Guin）所寫的一則短篇故事。在〈從歐梅拉斯出走的人〉（The Ones Who Walked Away from Omelas）描寫了一座名爲歐梅拉斯的城市，那是一座充滿幸福歡樂的城市，沒有國王也沒有奴隸，沒有廣告也沒有證券交易所，而且是一個沒有原子彈的地方。爲免我們覺得這個地方太不眞實以致無法想像，作者又告訴了我們這座城市的另一件事情：

「在歐梅拉斯一棟美麗的公共建築底下的地下室裡，或者是在一幢寬敞的私人住宅的地窖裡，有一個房間。那個房間有一道上鎖的門，而且沒有窗戶。」房間裡坐著一個小孩，一個心智耗弱、營養不良，而且缺乏照料的小孩。那個孩子就在這樣的悲慘狀況下度過一天又一天。

他們全都知道那個孩子在那裡，歐梅拉斯的所有居民……他們全都知道那個孩子必須在那裡……他們全都明白他們的幸福快樂、這座城市的美、人們的親密友誼，以及子女的健康，甚至連農作物的豐收以及溫和的天氣，全都來自於這個孩子令人不忍卒睹的悲慘狀況。……如果這個孩子從那個暗無天日的房間裡被人帶到陽光普照的地面上，並且獲得清洗、餵食以及撫慰，當然會是一件好事；但只要這麼做，歐梅拉斯所有的繁榮、美好與歡樂就會立刻消失無蹤。這就是歐梅拉斯面對的條件⑧。

這樣的條件在道德上是可以接受的嗎？對於邊沁的功利主義所提出的第一項反對論點，也就是訴諸基本人權的論點，認爲這種條件不可接受，就算這樣能夠爲一整座城市帶來幸福快樂也是一樣。違反這個無辜孩子的權利是錯誤的行爲，就算是爲了大眾的幸福也不行。

底漠視⑪」。

有些人會說菸草公司的抽菸研究恰恰闡明了成本效益分析以及其背後的功利主義思考的愚蠢之處。把肺癌造成的死亡視為財務上的利多確實展現了漠視人命的冷酷態度。任何可在道德上獲得辯護的抽菸政策，都不只需要考慮財政效果，也必須考慮抽菸對於大眾健康與人類福祉造成的影響。

不過，功利主義者不會否認這些廣泛的後果，包括抽菸造成的身心折磨、家人的哀痛，以及失去生命。邊沁之所以發明效用的概念，目的就是要在一個單一尺度上涵蓋我們關注的各種事物，包括人命的價值在內。在邊沁主義者眼中，那項抽菸研究並沒有令功利主義原則蒙羞，只是誤用了而已。一項比較完整的成本效益分析將會在道德計算上添加一筆金額，代表早逝對抽菸者及其家人造成的成本，並且會把這筆成本從抽菸者早逝為政府節省的支出當中扣除。

談到這裡就不免回歸先前的那個問題，亦即所有的價值是不是都能夠轉換為金錢。有些版本的成本效益分析試圖這麼做，甚至為人命指定金錢價值。看看以下這兩個引起道德憤慨的成本效益分析案例，不是因為沒有把人命的價值納入計算，而正是因為其中納入了對於人命價值的計算。

油箱爆炸

一九七〇年代期間，福特的平托（Pinto）車款是美國數一數二暢銷的超小型車。不幸的是，一旦這種車車尾遭到其他車輛撞擊，油箱就很容易爆炸。超過五百人死於起火燃燒的平托車上，遭到嚴重燒傷的人數更多。後來一名燒傷患者向福特汽車公司提告，指控其設計不良，結果發現福特的工程師原本就知道這款車的油箱可能造成的危險，不過該公司的高階主管進行了成本效益分析，認定修正這項缺陷的效益（也就是因此挽救的性命以及預防的傷害），不值得爲每一輛車花費十一美元安裝一件能夠增進油箱安全的裝置。

爲了計算增進油箱安全帶來的效益，福特估算不採取改善措施將會導致一百八十人死亡以及一百八十人遭到燒傷。接著，他們爲每一名死者與傷者遭遇的損失設定了金錢價值：一名死者二十萬美元，一名傷者六萬七千美元。然後，他們又加上可能起火燃燒的平托車的數量與價值，結果計算出改善安全性的整體效益會是四千九百五十萬美元。不過，爲一千兩百五十萬輛車加裝一件十一美元的裝置，成本將是一億三千七百五十萬美元。所以，該公司得出的結論認爲修改油箱的成本高過於增進汽車安全帶來的效益⑫。

得知這項研究後，陪審團氣憤不已，而判定原告可以獲得兩百五十萬美元的補償性損害賠償，及一億兩千五百萬美元的懲罰性損害賠償（這個金額後來減爲三百五十萬美元）⑬。也許陪審員認爲企業爲人命指定金錢價值是錯誤的行爲，或者他們認爲二十萬美元低得過分。這個金額不是福特自己想出來的，而是取自美國政府機關的數據。一九七〇年代初期，美國國家公路交通安全管理局曾經計算交通死亡事故的成本，把未來生產力的喪失、醫療成本、喪葬成本，以及受害者的身心痛苦全部計算進去之後，該局得出了一名死者二十萬美元的金額。

陪審團反對的如果是價格而不是原則，那麼功利主義者可能會同意。沒有人會爲了二十萬美元而選擇在車禍中死亡，大多數人都喜歡活著。如果要衡量交通死亡事故對於效用的完整影響效果，就必須計入受害者喪失的未來幸福，而不只是收入損失以及喪葬成本。既然如此，那麼人命的金錢價值要多少才會比較貼近眞實呢？

長者折扣

美國環保署曾經試圖回答這個問題，結果也引起了道德憤慨，不過是另一種類型的憤慨。二〇〇三年，環保署針對空氣污染的新標準提出一份成本效益分析。他們爲人命賦予的價值比福特高得多，但針對年齡進行了調整：因爲更潔淨的空氣而獲救的每一條性命價值三百七十萬美元，但七十歲以上的老人除外，他們的性命只值兩百三十萬美元。此一估價差異的背後存在著一項功利主義概念：挽救一名老年人的性命所帶來的效用低於一名年輕人的性命（年輕人的剩餘壽命比較長，所以未來能夠享有的幸福比較多）。老年人權益的擁護者卻不這麼認爲。他們對這項「長者折扣」提出抗議，主張政府爲年輕人的性命所賦予的價值不該高於老年人。在抗議的壓力之下，環保署隨即撤銷那項折扣，並且收回那份報告⑭。

功利主義的批評者經常把這類案例當成證據，用以證明成本效益分析是一種錯誤的思考方式，而且賦予人命金錢價值是毫無道德敏感度的做法。不過，成本效益分析的辯護者卻不這麼認爲，主張許多社會選擇都在沒有明言的情況下，藉著犧牲若干數量的人命換取其他的財貨與便利性。他們堅稱人命確實有其價格，不論我們承不承認。

舉例而言，使用汽車就會對人命造成可預期的損傷，畢竟美國每年有超過四萬人死於車禍，不過社會沒有因此放棄汽車。實際上，我們甚至沒有因此降低速限。在一九七四年的石油危機當中，美國國會要求將全國速限降低爲時速五十五英里，目標雖然是爲了節約能源，但降低速限的其中一個效果則是交通死亡事故數的減少。

國會在一九八〇年代撤銷這項限制，於是大多數的州都把速限提高爲時速六十五英里。

駕駛人因此得以節省時間，但交通事故造成的死亡人數卻隨之增加。那時候，沒有人進行成本效益分析以決定提高開車速度是否值得那些人命代價。幾年後，兩名經濟學家從事了這樣的計算，把提高速限的其中一項效益定義為上下班通勤時間縮短，計算出因此節省的時間所具有的經濟效益（以平均時薪二十美元做為衡量標準），再將這些節省金額除以額外死亡人數。他們發現，為了提高駕車速度所帶來的便利，美國人實際上等於是認為一條人命價值一百五十四萬美元。這就是駕車時速提高十英里之後，由每一名交通事故死者換來的經濟效益⑮。

成本效益分析的擁護者指出，把駕車時速從五十五英里提高至六十五英里，即是暗中為人命指定了一百五十四萬美元的價格，遠低於美國政府機構在設定污染標準與衛生安全法規當中使用的每條人命六百萬美元的數字。既然如此，何不明白說出來呢？他們主張認為，如果犧牲一定程度的安全以換取一定程度的效益與便利是無可避免的事情，我們對於這種做法就應該懷有明確的認知，並且應該盡可能全面比較成本與效益，就算必須為人命貼上價格標籤也沒有關係。

功利主義者認為我們厭惡賦予人命金錢價值的傾向是一種應該克服的衝動，是一種阻礙了明晰思考以及理性社會選擇的禁忌。不過，在批評功利主義的人眼中，這種猶豫卻代表了一種具有道德重要性的東西，也就是不可能在單一尺度上衡量且比較所有價值與財貨的觀念。

為錢忍受痛苦

這項爭執沒有顯而易見的化解方式，但有些具有實證頭腦的社會科學家曾經嘗試過。一九三〇年代期間，社會心理學家桑代克（Edward Thorndike）試圖證明功利主義的假設：也就是我們看似截然不同的渴望與厭惡有可能轉換爲快樂與痛苦的通用貨幣。他對政府救濟的年輕收受者舉行一項調查，問他們願意爲了多少錢忍受各種經歷。舉例而言：「你爲了多少錢願意讓你的上門牙被拔除？」或者「讓一腳的小趾被切除？」或者「生吃一條六吋長的蚯蚓？」或者「親手把一隻流浪貓掐死？」或者「餘生都住在堪薩斯州的一座農場，距離任何城鎮都有十英里遠[16]？」

你認爲上述哪一個選項的價格最高，哪一個最低？以下是他的調查所得出的結果（單位爲一九三七年的美元）：

牙齒	$4,500
腳趾	$57,000
蚯蚓	$100,000
流浪貓	$10,000
堪薩斯州	$300,000

桑代克認爲調查結果足以支持所有財貨都能夠在單一尺度上得到衡量與比較的觀念。「只要是實際上存在的任何欠缺或滿足，都是以某種數量存在，所以也就可以獲得衡量，」他寫道：「一條狗、一隻貓或一隻雞的生活……主要由胃口、渴求、慾望及其滿足所構成，而且也取決於這些元素。……人的生活也是如此，儘管人的胃口和慾望比較繁多、細膩而且複雜[17]。」

不過，桑代克這份價格清單的可笑性質正顯示了這種比較的荒謬性。我們眞的能夠斷定受調者認爲終生住在堪薩斯州的農場令人厭惡的程度是生吃蚯蚓的三倍嗎？還是說這些經歷其實各自不同，而無法得到有意義的比較？桑代克承認有多達三分之一的受調者指稱不論多少錢都無法誘使他們忍受這些經歷，顯示他們認爲這些經歷「令人無比痛惡[18]」。

聖安妮學院的女學生

所有道德財貨都能夠在毫無損失的情況下轉換至單一價值尺度的主張，也許沒有壓倒性的支持或反對論點。不過，還有一個案例也不禁令人懷疑這項主張。

一九七〇年代期間，我仍在牛津大學讀研究所的時候，當時還有男女各自專屬的學院。女子學院的住宿規則有禁止男性賓客在女學生房間裡過夜的規定。學校極少執行這些規定，也經常有人違反這些規定，至少我是這麼聽說的。大多數的學院教職員都不再認為強制執行傳統的性道德觀念是他們的工作。放寬這些規定的壓力愈來愈大，因而在聖安妮學院這座女子學院成了一項辯論主題。

教職員裡有些較年長的女性是傳統主義者，基於傳統道德理由而反對開放男性賓客進入女生宿舍，認為未婚的年輕女子與男性過夜是不道德的行為。不過，時代已經改變，以致這些傳統主義者羞於為自己的反對立場提出眞正的理由，因此以功利主義的說詞包裝自己的論點。「男性如果在女生宿舍裡過夜，」她們指出：「學院的支出將會增加。」怎麼說呢？你也許會覺得納悶。「這個嘛，他們會想要洗澡，這樣就會耗用比較多的熱水。」她們並且進一步指出：「我們也會必須更常更換床墊。」

蓋茲與歐普拉同意的情況下拿走他們的錢，就算是爲了造福大衆，也仍然是脅迫性的行爲，這種做法侵害其任意運用自身錢財的自由。依據這種理由反對重分配的人士，經常被人稱爲「自由放任主義者」。

自由放任主義者偏好不受約束的市場，反對政府管制，但理由不是經濟效率，而是人類自由。他們的核心主張是每個人都擁有根本的自由權利——也就是任意運用自己擁有的物品的權利，只要我們尊重別人的這種權利即可。

最小政府

如果自由放任主義的權利理論正確，那麼現代國家從事的許多活動就都不具正當性，而且侵犯了自由。只有最小的政府，也就是政府只會強制履行契約、保護私有財產不受竊盜，並且維持和平，才合乎自由放任主義的權利理論。如果任何一個政府管的事情超出這些，就不具有道德上的正當性。

自由放任主義者反對現代政府通常都會採行的三種政策與法律：

一、反對家長式領導。自由放任主義者反對保護人民傷害自己的法律。強制繫安全帶，以及強制摩托車騎士戴安全帽的法律就是很好的例子。即使不戴安全帽騎摩托車是莽撞的行爲，就算強制戴安全帽的法律規定能夠拯救性命且避免嚴重傷害，自由放任主義者還是會主張這種法律侵害了個人決定承擔哪些風險的權利。只要沒有第三者受到傷害，而且摩托車騎士願意支付自己的醫療帳單，政府就沒有權利規定他們能夠以自己的身體與性命冒什麼風險。

二、反對道德性立法。自由放任主義者反對利用法律的強制力提倡德行的概念，或者表達大多數人的道德信念。也許賣淫在許多人眼中是違反道德的行爲，但法律不能因此就禁止成年人從事性交易。有些社群的大多數成員可能反對同性戀，但法律不能因此就剝奪同志爲自己選擇性伴侶的權利。

三、反對所得或財富的重分配。自由放任主義的權利理論反對任何要求部分人幫助別人的法律，包括爲了財富重分配而施行的課稅措施。由富裕者支持比較不幸的人口，補助其醫療、住宅或者教育支出，也許是可取的做法，但這種幫助應該交由個人來做，而不是由政府要求。根據自由放任主義者的觀點，重分配稅是一種脅迫型態，甚至算是偷竊。政府沒有權利強迫富有的納稅人支持爲窮人設立的社會計畫，就像

反對論點三：喬丹不是自己一個人打球，對他的成功有所貢獻的那些人都應當得到他的感激

自由放任主義者的回應：喬丹的成功確實必須仰賴別人。籃球是團隊運動。他如果是自己一個人在空蕩蕩的球場上投籃，觀衆絕對不會付三千一百萬美元看他打球。如果他沒有隊友、教練、訓練師、裁判、轉播員、體育館工友等，絕對不可能賺到那麼多錢。

不過，這些人早就都已經憑著自己提供的服務而換取了市價的收入。他們雖然賺得比喬丹少，卻是自願從事那樣的工作並且接受那樣的酬勞，所以我們沒有理由認定喬丹的部分收入應該歸他們所有。此外，就算喬丹確實對他的隊友與教練有所虧欠，對他的收入課稅而爲挨餓者提供食物券或者爲流浪漢提供公共住宅，也不可能因爲這樣的虧欠而獲得正當性。

反對論點四：向喬丹課稅並非沒有得到他的同意。身為民主國家的公民，他可以對稅法的制定表達意見

自由放任主義者的回應：民主同意並不夠。假設喬丹投票反對稅法，但稅法畢竟還是通過

了。這麼一來，難道國稅局不會一樣堅持要他繳稅嗎？當然會。你也許會說，喬丹既然生活在這個社會裡，即是同意（至少是隱含同意）遵循大多數人的意願並且遵守法律。不過，難道表示只要是生活在這個社會裡的公民，就等於是對多數人開了一張空白支票，而預先同意接受所有的法律，不論多麼不公正都沒有例外嗎？

如果眞是這樣，多數人就可以對少數人課稅，甚至違背其意願而沒收其財富與資產，個人權利怎麼辦？民主同意如果能夠賦予剝奪財物正當性，是不是也能夠賦予剝奪自由正當性？多數人是不是可以剝奪我的言論與宗教自由，而主張身爲民主公民的我，也早已同意接受他們做出的任何決定？

自由放任主義者對於以上這四項反對論點都可立刻提出回應。不過，接下來的這項反對論點就沒有那麼容易反駁了。

反對論點五：喬丹很幸運

他有幸擁有高超的籃球天賦，也有幸生活在願意珍視高高躍起，並且將球投入籃框裡的能力的社會中。不論喬丹多麼努力鍛鍊他的籃球技巧，他都不能把自己的天賦或是自己恰巧

你如果深受自由放任主義原則的引誘，而想要看看這種原則可以擴張到什麼地步，那就看看以下這些案例吧。

賣腎

大多數國家都禁止買賣移植用的器官。在美國，民眾可以把自己的一個腎捐出去，但不能在公開市場上販賣。不過，有些人主張應該修改這種法律。他們指出，每年都有好幾千人因爲等不到移植腎臟而死亡，如果有個腎臟的自由市場，腎臟供給必定會增加。他們也主張需要錢的人應該要能夠依照本身的意願自由出售自己的腎。

支持開放買賣腎臟的一項論點，就是以自由放任主義的自我所有權概念爲基礎：既然我對自己的身體擁有所有權，就應該要能夠依照自己的意願自由出售我的身體器官。如同諾齊克所寫的：「對於X擁有財產權的概念核心……就是擁有如何處置X的決定權⑫。」不過，器官買賣的擁護者卻極少有人眞正支持這項完整的自由放任主義邏輯。

爲什麼呢？腎臟市場的大多數擁護者都強調拯救性命的道德重要性，也強調大多數人捐出了一個腎臟之後，還是可以靠著另一個腎臟活下去。不過，如果你認爲你的身體和生命是你的財產，那麼這兩項考量就其實不重要。如果你對自己擁有所有權，那麼你有權依據自己的意願使用身體的理由，就足以讓你出售自己的器官。你是不是因此挽救了別人的性命或者達成了什麼善舉，根本不是重點所在。

要理解這一點，想像看看兩個不尋常的案例：

第一個案例，假設有意向你購買腎臟的買家其健康情形毫無問題。他向你開價一個腎臟八千美元（更有可能的情形是對開發中世界的一名農夫開價），不是因為他迫切需要接受器官移植，而是因爲他是個性情古怪的藝術交易商，會把人類器官賣給富有的客戶做爲引起話題的茶几裝飾。我們應該允許人因爲這種目的而買賣腎臟嗎？你如果相信我們對自己擁有所有權，就會難以提出否定的答案。重點不在於目的，而是在於依照自己的意願處置自身財產的權利。當然，你也許憎惡把身體器官浪費在這種毫無意義的膚淺用途上，而認爲器官買賣應該只能限制於救命的目的。不過，如果是抱持這種觀點，你爲市場提出的辯護就不是奠基在自由放任主義的前提上。在這種情況下，你必須承認我們對自己的身體並不擁有無限制的財產權。

想想第二個案例。假設印度村莊的貧困農夫的最大的夢想就是把孩子送進大學。爲了籌措學費，他把自己的一個腎臟賣給了一名富裕且需要移植腎臟的美國人。幾年後，就在這名農夫的第二個孩子接近上大學年齡時，另一名買家來到了他的村莊，開出高價要買他的第二個腎臟。儘管賣掉第二個腎臟將會要了他的命，但他是不是也應該有賣掉這個腎臟的自由？如果支持器官買賣的道德論據是立基在自我所有權的概念之上，那麼答案就必須是肯定的。如果認爲那名農夫對自己的一個腎臟擁有所有權，卻對另一個腎臟沒有所有權，那未免太奇怪了。有些人也許會反對，認爲任何人都不該受到誘使，而爲了錢放棄生命。不過，如果我們對自己的身體與生命擁有所有權，那名農夫就絕對有權賣掉他的第二個腎臟，就算這麼做等於是賣掉了他的命也不例外（這個情境並非全然出於假設。一九九〇年代，加州一名囚犯想要把自己的第二個腎臟捐給他的女兒，但醫院的倫理委員會拒絕了他的要求）。

當然，我們可以對器官買賣設定條件，只允許能夠挽救別人的生命又不危及賣家性命的買賣，不過這項政策的基礎就不會是自我所有權。如果我們眞的對自己的身體與生命擁有所有權，就應該由自己決定是否要出售身體器官、爲了什麼目的出售，以及要承擔什麼風險。

協助自殺

二〇〇七年，七十九歲的凱沃基安醫師從密西根州的一所監獄出獄，他因爲向想要放棄生命的絕症病患施用致命藥物而坐了八年的牢，爲了獲得假釋而同意不再協助其他病患自殺。在一九九〇年代，凱沃基安醫師（他後來以「死亡醫生」之名聞名於世）鼓吹立法開放協助自殺，而且也身體力行，幫助了一百三十人終結自己的性命。他後來因爲向CBS電視台的節目《六十分鐘》提供了一部影片，顯示他爲一名罹患漸凍人症的病患注射致命藥物的過程，才因此受到起訴、審訊，最後被判處二級謀殺的罪名[13]。

協助自殺在凱沃基安醫師的家鄉密西根州是違法行爲，除了奧勒岡州與華盛頓州以外，在美國的其他州也是如此。許多國家都禁止協助自殺，只有少數幾個國家（其中以荷蘭最爲著名）准許這種行爲。

乍看之下，支持協助自殺的論點似乎是自由放任主義哲學的標準應用。在自由放任主義者眼中，禁止協助自殺的法律不公正，原因如下：如果我的性命屬於我所有，我就應該有放棄生命的自由。此外，如果我與某個人達成自願協議，由對方幫助我尋死，那麼國家就沒有權利干預。

不過，支持協助自殺的論據不必然仰賴於我們對自己擁有所有權，或是我們的性命屬於自己所有的觀念。許多支持協助自殺的人士都不會訴諸財產權，而是標舉尊嚴與同情心。他們指出，深受痛苦折磨的絕症病患應該要能夠加速死亡來臨，而不是持續身處於難以忍受的痛苦當中。即便是認爲我們對於保存人命負有一般性義務的人士，也可能會斷定到了某個程度，同情心的主張將會超越保存人命的義務。

就絕症病患而言，支持協助自殺的自由放任主義的理由，其實與同情心的理由是難以區分的。要評估自我所有權這項觀念的道德力量，且來想想一件不涉及協助絕症病患自殺的案例。無可否認，這是個怪異的案例，但其怪異性可讓我們評估自由放任主義邏輯，而不受尊嚴與同情心的考量所影響。

合意食人行為

二〇〇一年，在德國羅騰堡的村莊，發生一樁古怪的事件。四十三歲的軟體工程師布蘭德斯回應了網路上的一則徵人廣告，徵求對象是願意受到殺害並且被人吃掉的自願者。那則廣告的刊登者是四十二歲的電腦技師邁韋斯（Armin Meiwes）。邁韋斯沒有提供任何金錢報酬，只有該項體驗本身。約有兩百人對那則廣告提出回應，其中四人前往邁韋斯的農舍接受面談，結果認定自己沒有興趣。不過，布蘭德斯與邁韋斯見面並且一邊喝咖啡一邊考慮了他的提議之後，終於表示了同意。邁韋斯於是殺了他的客人，把屍體切塊，而用塑膠袋裝起來冰在冷凍庫裡。這個「羅騰堡的食人魔」後來被捕的時候，已經吃掉了那名自願受害者超過四十磅的肉，其中有些佐以橄欖油與大蒜煮食⑭。

後來邁韋斯上法院接受審判，這起駭人聽聞的案件引起了大衆的廣泛討論，也讓法院困惑不已。德國沒有禁止食人行爲的法律。辯方律師指出，加害者不能以謀殺罪名定罪，因爲受害者是造成自己死亡的自願參與者。邁韋斯的律師主張他的客戶只是犯了「受囑託殺人罪」，這是一種協助自殺的型態，最高刑度爲五年有期徒刑。法院試圖解決此一難題，方法是以一般殺人罪對邁韋斯定罪，判處他八年半的刑期⑮。兩年後，一個上訴法院認爲這項判決太輕而加以推翻，改判邁韋斯無期徒刑⑯。這則聳動的故事後來出現了一個出人意料的結局，據報那個食人魔在監獄裡開始茹素，理由是工廠式養殖不人道⑰。

成年人之間合意的食人行爲，對於自由放任主義的自我所有權原則，以及因此產生的正義觀念構成了一項終極考驗。這是一種極端的協助自殺型態，由於這種行爲與解除絕症病患的痛苦無關，因此唯一的辯護理由就是我們的身體與生命屬於自己所有，所以可以依照自身的意願自由處置。如果自由放任主義的主張正確，禁止合意食人行爲就是不公正的做法，侵害了自由權。國家不能懲罰邁韋斯，就像國家也不能對蓋茲與喬丹課稅以幫助窮人一樣。

4.
購買服務／市場與道德

在諸多關於正義的辯論中，最激烈的都涉及市場扮演的角色：自由市場是否公平？有些商品是不是花錢也買不到，或者不該用錢買得到？如果是這樣，那麼這種商品是什麼東西，買賣這類東西又有什麼不對？

支持自由市場的論據通常奠基於兩項主張：一項主張是關於自由，另一項主張是關於福利。第一項主張是支持市場的自由放任主義論據，其指稱讓人從事自願性的交易即是尊重他們的自由；干預自由市場的法律侵害了個人自由。第二項主張是支持市場的功利主義論點，指稱自由市場能夠促進整體福利；一旦兩個人做出交易，雙方都會從中得利。只要他們的交易能在不傷害別人的情況下讓雙方的處境都變得更好，必定就會造成整體效用的增加。

市場懷疑人士對這類說法提出質疑。他們主張市場選擇不一定有表面上看來的那麼自由。此外，他們也主張特定商品與社會慣例如果可以受到金錢買賣，就會因此墮落或者導致價值貶低。

在本章裡，我們將檢視付錢雇人從事兩種非常不同的工作所具備的道德性——打仗和生孩子。在這些深富爭議性的案例中思考市場的對錯，將有助於我們釐清首要正義理論之間的差異。

何者才算正義——徵召士兵或雇用士兵？

在美國南北戰爭剛開始的幾個月裡，慶典式的集會以及愛國情緒促使北方州數以萬計的男子志願加入聯邦軍。不過，隨著聯邦軍在牛奔河打了敗仗，麥克萊倫將軍（George B. McClellan）在次年春季攻占里奇蒙的行動也以失敗收場之後，北方人於是開始懷疑戰事可能不會很快結束。政府必須召集更多兵員，林肯因此在一八六二年七月簽署了北方聯邦的第一項徵兵法，而南方邦聯早就已經實施徵兵法了。

徵兵措施違反美國的個人主義傳統，所以聯邦徵兵法也就對那項傳統做出了一項引人注目的妥協：任何人如果受到徵召但不願服役，可以雇用別人取代自己①。

尋求替代者的被徵召者紛紛在報紙上刊登廣告，提供的雇用費高達一千五百美元，在當時是很高的金額。南方邦聯的徵兵法也允許被徵召者付費雇人代替，從而造就了「富人發動戰爭，窮人上場打仗」的口號，而北方也出現類似的不滿情緒。一八六三年三月，國會爲了因應這種不滿而通過新的徵兵法，新法雖然沒有排除雇用替代者的權利，卻提供了一個選項，被徵召者只要對政府繳交三百美元即可免除兵役。這筆免役費用雖然接近非技術勞工的年薪，這項條款卻是試圖把免役的價格降到一般勞工可以負擔的範圍內。有些市和郡還補助

就其最簡單的形式而言，徵召乃是要求所有合乎資格的公民服役以塡補軍隊的人力需求；如果公民人數超出所需，就利用抽籤決定哪些人要受到徵召。這是美國在兩次世界大戰期間採用的制度。美國在越戰期間也採用了徵兵制，但那套制度相當複雜，爲學生以及特定職業的從業人員提供了許多緩召機會，從而讓許多人得以逃避兵役。

徵兵的做法對於反越戰的情緒火上加油，在大學校園裡尤其如此。某種程度上，爲了回應這種反對聲浪，尼克森總統因此提議廢除徵兵制。一九七三年，隨著美國減少派駐越南的軍隊人數，全志願軍隊取代了徵兵制。由於兵役不再具有強制性，軍方只好提高薪資及其他福利以吸引所需的兵員。

我們今天所知的志願軍是利用勞動市場滿足軍隊的人力需求，就像餐廳、銀行、零售商店以及其他企業一樣。不過，其實「志願」一詞用得不太恰當。志願軍和消防隊無薪服務的志工不一樣，也和地方上的慈善廚房裡那些奉獻自己時間幫助他人的志工不一樣。志願軍其實是職業軍隊，其中的士兵藉由工作換取薪資收入。那些士兵的「志願」之處，就和任何一門職業的有薪勞動者「志願」從事自己的工作一樣。這種軍隊的兵員不是徵召而來，而且在軍隊中服務的人都同意從事這種工作以換取金錢及其他福利。

對於民主社會該怎麼滿足軍隊的人力需求所進行的辯論，在戰爭時期總是最爲激烈。南北戰爭時期的徵兵暴動以及越戰時期的抗議活動就證明了這一點。在美國採取全志願部隊之後，兵役分配的正義問題就不再受到大眾注意。不過，美國在伊拉克與阿富汗主導的戰爭，又喚起了大眾對於民主社會藉由市場手段招募兵員的做法是否正確的討論。

大多數美國民眾都偏好志願軍，極少有人願意回頭採取徵兵制（二〇〇七年九月，在伊拉克戰爭期間，蓋洛普舉行的一項民調發現，有八〇％美國民眾反對重啟徵兵制，支持的比例只有一八％[6]）。不過，對於應該採用志願軍還是徵兵制所重新展開的辯論，使我們直接面對了政治哲學的幾個重大問題，也就是關於個人自由與公民義務的問題。

要探究這些問題，且來比較我們已經檢視過的三種兵役配置方法：徵兵制、附有雇用替代者條款的徵兵制（也就是南北戰爭的徵兵制），以及市場制度。哪一種最公正？

一、徵兵制

二、附有雇用替代者條款的徵兵制（南北戰爭的徵兵制）

三、市場制度（志願軍）

支持志願軍的論據

你如果是自由放任主義者，答案明顯可見。徵兵制（政策一）不公正，原因是這種制度具有強迫性，是奴役的一種型態。這種做法暗示了國家對其公民擁有所有權，因此可以任意處置他們，包括強迫他們打仗，在戰爭中冒生命的危險。共和黨國會議員暨首要自由放任主義者榮恩．保羅（Ron Paul），在不久之前因爲反對重啓徵兵制以因應伊拉克戰爭而說了這段話：「徵兵制等於奴役，就是這麼明白，這麼簡單。這是一種違法的制度，因爲憲法第十三條修正案禁止強制勞役。一個人有可能因爲受到軍隊徵召而送命，所以徵兵制是一種非常危險的奴役做法⑦。」

不過，就算你不認爲徵兵制等於奴役，也還是可能會反對這種做法，理由是徵兵制限制了人民的選擇，因此會降低整體幸福。這是反對徵兵制的功利主義論點。這種論點認爲，相較於一套允許被徵召者雇用替代者的制度，徵兵制因爲阻止互利的交易而降低衆人的福利。如果卡內基和他的替代者雙方都想要交易，何必阻止他們？從事這項交易的自由顯然能夠增加雙方的效用，同時又不會減少其他任何人的效用。因此，基於功利主義的理由，南北戰爭的徵兵制（政策二）優於單純的徵兵制（政策一）。

我們很容易可以看出功利主義的假設如何能夠支持市場推論。你如果假設自願性的交易能夠改善雙方的處境而又不傷害別人，即是爲交由市場主導找到了一項充分的功利主義論據。

我們如果把南北戰爭的徵兵制（政策二）與志願軍（政策三）拿來比較，即可看出這一點。支持受徵召者雇用替代者的邏輯，也支持完全市場的解決方案：你如果願意讓人雇用替代者，何必採取徵召的做法？何不單純透過勞動市場招募兵員？只要設定足以吸引所需士兵人數與品質的工資與福利水準，然後讓人自行選擇是否接受這份工作即可。這麼一來，就沒有人會被迫從軍，而願意從軍的人也可以綜合考量一切條件之後，自行決定從軍是不是優於其他選項。

所以，從功利主義的觀點來看，志願軍顯然是三個選項裡最好的一個。讓人依據軍方提供的酬勞自由選擇是否從軍，使其只有在從軍才能達到效用最大化的情況下才這麼做。至於不想從軍的人，也不會因爲被迫服役而遭受效用降低的後果。

功利主義者也可能抱持反對立場，指稱志願軍的成本比徵召軍昂貴。爲了吸引必要數量與品質的兵員，薪資與福利就必須比士兵被迫服役的狀況下更高。所以，功利主義者可能會擔心士兵薪資提高後得到的幸福感提升，將會因爲納稅人必須爲軍隊花費更多錢而造成幸福感下降所抵銷。

不過，這項反對論點不是很有說服力，尤其是在替代選項如果是徵兵制的情況下（不論能不能雇用替代者）。如果基於功利主義的理由而堅稱其他政府服務，例如警察與消防，也應該藉著強迫隨機挑選的人，以低於市價的薪資從事那些工作而降低納稅人的成本，或者高速公路應該降低維修成本，方法就是要求一小群納稅人接受抽籤，由中籤者親自從事維修工作或是雇用別人代替自己，那麼這種說法未免太過奇怪。這類強迫措施造成的不快樂，大概會高過納稅人因爲政府服務成本降低而獲得的效益。

所以，不論從自由放任主義或功利主義的推論觀點來看，志願軍顯然都是最佳的選項，南北戰爭的混合制是次佳選項，而徵兵制則是最不可取的兵役配置方法。不過，這種推論至少可以有兩項反對論點。一項反對論點涉及公平與自由，另一項涉及公民德行與共善。

反對論點一：公平與自由

第一項反對論點主張，對於選項有限的人士而言，其實自由市場沒有那麼自由。想想一個極端的案例：一個睡在橋下的遊民就某個意義上也許可以選擇出售自己的器官，但他不必然會認為自己的決定是自由選擇的結果，就像我們也不能假設他是寧願睡在橋下而不願睡在公寓裡。為了知道他的選擇究竟是反映了睡在戶外的偏好，或是買不起公寓的現實，我們就必須了解他的處境。他這麼做是出於自由選擇還是不得不然？

我們也可以向一般性的市場選擇提出相同的問題，包括人對於工作的選擇。這點如何適用在兵役上？如果我們對於普遍存在於社會裡的背景條件沒有更多理解，就沒有辦法決定志願軍的正義性：社會裡是不是存在著合理程度的平等機會，還是有些人在人生中擁有的選項非常少？每個人是不是都有機會可以接受大學教育，或者對於有些人而言，要負擔得起大學學費的唯一方法就是入伍當兵？

從市場論述的觀點來看，志願軍之所以吸引人，原因是這種做法避免了徵召的強迫性，而把兵役變成同意的結果。不過，有些加入志願軍的人可能和不願從軍的人一樣厭惡兵役。如果貧窮與經濟弱勢現象相當普遍，那麼從軍的選擇可能只是單純反映了選項的欠缺而已。

根據這項反對論點，志願軍可能不是表面上看來的那樣全然出於自願。實際上，這種制度可能也涉及強迫性的元素。如果社會裡有些人沒有其他的良好選項，選擇從軍的人實際上就等於是因為經濟上的必要而被迫入伍。如此一來，徵兵制與志願軍的差別就不是前者具有強制性，而後者可以自由選擇，而是這兩者各自採用不同型態的強制力——前者是法律的強

學教育以及其他福利。

請注意，強制性的反對論點不是反對志願軍。只有不平等情形嚴重的社會裡的志願軍才適用這項反對論點；只要能夠減輕不平等的現象，即可消除此一反對論點。舉例而言，想像一個完全平等的社會，所有人都享有相同的教育機會，在這麼一個社會裡，就沒有人能夠抱怨從軍的選擇並不自由，是經濟需求的不公平壓力所造成的結果。

當然，沒有一個社會是完全平等的，所以人在勞動市場中做出的選擇總是擺脫不了強制性的陰影。究竟必須要有多高的平等性，才能確保市場選擇是自由，而非是強制的結果？社會背景條件當中的不平等狀況到了什麼程度，會導致奠基於個人選擇的社會制度（例如志願軍）不再公平？自由市場在什麼情況下才眞正算是自由？要回答這些問題，我們必須檢視把自由（而不是效用）視爲正義核心的道德與政治哲學思想。所以，我們暫且把這些問題擱在一旁，等到後續探討康德與羅爾斯的章節再回頭來談。

反對論點二：公民德行與共善

在此同時，我們現在先來看看對於利用市場分配兵役提出的第二項反對論點，也就是標舉公民德行與共善的反對論點。

這項論點指稱兵役不只是一般的工作，而是一種公民義務。根據這項論點，所有公民都有義務爲國家服務。這個觀點的部分支持者認爲這種義務只能透過入伍服役履行，另外有些人則是認爲這種義務也可以透過其他形式的國家服務履行，例如加入和平工作團、美國志願隊，或者「爲美國而教」的組織。不過，如果服兵役（或者從事國家服務）是公民義務，把這種服務放到市場上販賣就是錯誤的做法。

想想另一種公民責任：陪審義務。沒有人會因爲擔任陪審員而死，但受召擔任陪審員可能對人造成相當大的困擾，尤其是在這項義務剛好與工作或是生活中的其他迫切事務形成衝突的情況下。儘管如此，我們卻不允許大眾雇人代替自己擔任陪審員，而且，我們也不利用勞動市場建立一套給薪的職業性「志願」陪審員制度。爲什麼？從市場推論的角度來看，我們可以提出支持這種做法的論據。用於反對徵兵制的功利主義論點也可以用來反對徵召陪審員：允許忙碌的人雇用別人代替自己履行陪審義務，將可讓雙方都從中獲益。取消強制性陪審義務更好；利用勞動市場招募合乎資格的陪審員，即可讓想要從事這件工作的人如願，也可讓不喜歡這件工作的人避開。

既然如此，爲什麼要放棄陪審員市場制度提高社會效用的效果？也許是因爲我們擔心給薪陪審員將會有超乎比例的人數來自弱勢背景，從而拉低司法品質。不過，我們沒有理由假設富裕人士擔任陪審員的表現會優於出身普通背景的人士。無論如何，我們總是可以調整酬勞與福利以吸引擁有必要教育程度與技能的人士（就像軍隊採取的做法）。

我們之所以徵召，而不是招募陪審員，原因是我們認為在法院裡行使司法是所有公民都必須共同分擔的責任。陪審員不只是單純表決而已，也會互相討論證據和法律規定，來自各行各業的陪審員會把各自不同的人生經驗灌注於這些討論裡。陪審義務不只是一種判決案件的方法，也是一種公民教育形式，以及民主公民意識的表達。雖然陪審義務不一定具有啓迪效果，但所有公民都有義務從事這項工作的觀念，則是維繫法院與人民之間的連結。

我們對兵役也可以提出類似的說法。支持徵兵制的公民論點主張兵役就像陪審義務一樣是一種公民責任，能夠表達並且深化民主公民意識。從這個觀點來看，把兵役轉變為商品，轉變為一種我們雇用別人來從事的工作，就會敗壞了理當支配兵役制度的公民理想。根據這項反對論點，雇用士兵為我們打仗是錯誤的行為，不只因為這樣對窮人不公平，也因為這樣使得我們能夠逃避公民義務。

史學家大衛．甘迺迪（David M. Kennedy）提出一項論點，指稱「今天的美國三軍帶有傭兵部隊的許多特質」。他所謂的傭兵部隊就是一支領薪的職業軍隊，和其所捍衛的社會有相當程度的脫節⑰。他無意貶低從軍者的動機，他擔憂的是雇用相對少數的公民爲我們打仗，會讓我們其他人得以置身事外，會切斷大多數的民主公民與代表他們上戰場的士兵之間的連結。

甘迺迪指出：「依據人口比例而言，當今的現役軍隊和當初打贏第二次世界大戰的美國軍力相比，規模大約只有其四%。」這麼一來，決策者要讓國家投入戰爭就變得相對容易，而不需要獲得整體社會廣泛深層的同意。「現在，歷史上最強大的軍隊能夠以這個社會的名義派上戰場，但這樣的舉措對於這個社會卻幾乎不會造成任何負擔⑱。」志願軍的制度爲大多數美國民衆免除了爲國家打仗以及犧牲性命的責任。雖然有些人把這種現象視爲一種優勢，但從這種應該共同承受的犧牲當中得到豁免，造成的代價就是削弱了政治問責性：

> 絕大多數不需負擔兵役風險的美國人民，可以說是雇用了部分最弱勢的同胞去從事這個國家若干最危險的工作，而大多數人則是在不需流血，也不必分心的情況下繼續著自己的生活⑲。

在支持徵兵制的公民論據當中，最著名的一項乃是由出生於日內瓦的啓蒙時代政治理論家盧梭（Jean-Jacques Rousseau，一七一二～一七七八）提出。在《社會契約論》（*The Social Contract*，一七六二）裡，他主張把公民義務轉變爲可在市場上買賣的商品不會增加自由，而是會削弱自由：

> 一旦公共服務不再是公民的主要工作，而他們也寧可花錢了事而不願親身為之，那麼國家距離衰亡就不遠了。如果必須出外征戰，他們就花錢雇用部隊而自己則待在家裡。……在一個真正自由的國家裡，公民不論做什麼都會憑藉自己的雙手，而不是靠著金錢；因此，他們不但不會花錢以求免除自己的義務，甚至還會付錢獲取親自盡到那些義務的特權。我完全不認同普遍的觀點：我認為強制勞動對自由造成的壓迫還比不上課稅[20]。

盧梭強烈的公民概念以及對於市場充滿提防的觀點，看起來也許和我們當今的假設距離相當遙遠。我們傾向於把具有約束性法律和規範的國家視爲強制力的領域，而把進行自願交易的市場視爲自由的領域。盧梭一定會說這種看法是把事情給搞反了，至少就公民財貨而言是如此。

也許市場擁護者會爲志願軍辯護，方法是反對盧梭那種耗神費力的公民概念，或者否認那種概念與兵役的相關性。不過，他訴諸的公民理想至今仍然多少能夠引起我們的共鳴，即便在美國這樣的市場導向社會也不例外。大多數的志願軍支持者都強力否認這種軍隊相當於傭兵部隊。他們指出，許多從軍者都是受到愛國心的驅使，不只是受到酬勞與福利的吸引，而且這樣的說法也確實沒錯。可是，我們爲什麼認爲這一點重要？只要士兵能夠把他們的工作做好，爲什麼應該在乎他們的動機？我們雖然把兵員的招募交給市場，卻難以將兵役於愛國與公民德行這類古老概念脫鉤。

想想看：現代的志願軍和傭兵部隊究竟有什麼不同？這兩者都是出錢雇用士兵打仗；兩者都是以酬勞及其他福利的承諾引誘人加入軍隊。市場如果是招募軍隊的適當方式，那麼傭兵到底有什麼不對？

也許有人會回答說傭兵是單純只爲錢打仗的外國國民，美國的志願軍則是只招募美國人。不過，如果勞動市場是招募軍隊的適當方式，那麼美國軍方有什麼理由應該以國籍區分招募對象？美國爲什麼不該積極招募想要這份工作，而且也具備相關資格的他國國民？何不成立一支由開發中世界人口組成的外籍兵團？畢竟，那些地方不是工資低落又欠缺良好的工作嗎？

有些人主張外國士兵的忠誠度比不上美國人。不過，出生國並不足以保證戰場上的忠誠

那麼反對論點呢？反對論點的說服力有多高？

反對論點一：不純淨的同意

第一項反對論點，亦即認爲懷特海德的同意並非眞正出於自願，針對人們據以做出選擇的條件提出了疑問。這個論點主張我們唯有不承擔過大的壓力（例如缺錢的壓力），而且對其他選項懷有程度合理的認知，才能夠行使選擇自由。究竟什麼算是過大的壓力，或是欠缺認知的同意，並無定論，但此處的重點是要決定看似自願的協議，在什麼情況下是眞正出於自願，而在什麼情況下又不是。這個問題在M寶寶的案件中占有重要地位，和志願軍的辯論一樣。

從實際案例往後退一步，值得注意的是這項辯論，也就是探究達成有意義的同意所必要的背景條件，在本書討論的三種思考正義的方式當中，只是其中一種方式本身的內部爭執：也就是主張尊重自由即是正義的觀點。如同先前提過的，自由放任主義即爲此一觀點中的一種論述，主張要達成正義就必須尊重人做出的選擇，只要那些選擇不侵害任何人的權利即可。其他認爲正義即是尊重自由的理論，則是對選擇的條件加上了一些限制。如同威倫茨大法官在M寶寶案件當中提出的說法，這些理論認爲在受到壓力或者缺乏充分認知的情況下做出的選擇，並非眞正出於自願。等到後續探討了羅爾斯的政治哲學之後——他是反對自由放任主義正義論述的自由陣營成員，會比較有能力評估這項辯論。

反對論點二：貶低和高等財貨

對於代孕契約提出的第二項反對論點，則是主張有些東西不該由金錢買賣，包括嬰兒與女性的生殖能力。這項論點該怎麼說？買賣這些東西究竟有什麼問題？最具說服力的答案是把嬰兒與懷孕當成商品，即是貶低了這些東西，或是未能適切看待其價值。

這個答案背後潛藏著一個影響深遠的觀念：評價財貨與社會慣例的正確方式，不是單純由我們決定，有些評價方式只適用特定的財貨與慣例。以汽車與烤麵包機這類商品而言，適當的評價方式就是使用這些物品，或者製造這些物品再加以販賣牟利。不過，把所有的事物都當成商品看待是一種錯誤。舉例來說，把人當成可以任意買賣的商品就是錯的，因爲人是擁有人格而應當受到尊重的個體，不是任人使用的物品。尊重與使用是兩種不同的評價方式。

當代道德哲學家伊莉莎白・安德森（Elizabeth Anderson）把這種論點的一個版本套用在代孕辯論上。她主張代孕契約貶低了兒童與女性的生殖能力，原因是這種契約將這兩者當成商品看待[43]。她所謂的貶值，意思是指看待一件事物的眼光「採用了較其爲低的評價方式。事物在我們眼中的價值不是只有『多』和『少』而已，我們也會以質性較高與較低的方式加以評價。比起單純利用一個人，以愛或尊重的方式對待她即是以比較高的方式評價她。……由於商業代孕把兒童當成商品，因此也就貶低了兒童的地位[44]」。商業代孕把兒童當成牟利工具加以利用，而不是把他們當成值得愛與關懷的人加以珍惜。

安德森認爲商業代孕也貶低了女性，原因是這種做法把她們的身體當成工廠，並且付錢要求他們不與自己懷孕生下的孩子建立情感。這種做法「把孕育子女的行爲所採取的父母準則，取代爲規範尋常生產活動的經濟準則」。安德森寫道，代孕契約要求代理孕母「壓抑自己對肚中胎兒懷有的母愛」，因此「把女性的生殖活動轉變成了一種異化勞動的型態[45]」。

在代孕契約裡，母親同意不與自己的孩子形成或者嘗試形成親子關係。她背離了自身的辛勞，原因是她必須讓自己的辛勞，偏離懷孕的社會慣例所正確提倡的目的，也就是與自己的孩子建立情感聯繫[46]。

安德森這項論述的中心觀念，就是財貨有種類上的差異。因此，對於所有的財貨都採取同樣的評價方式是錯誤的做法，並非所有東西都是牟利工具或者供人使用的物品。如果這種觀念正確，即可解釋爲什麼有些東西不該以金錢買賣。

這種觀念也對功利主義造成了挑戰。如果正義單純只是追求快樂高於痛苦的最大化，我們就需要有一種單一的方法能夠衡量且評價所有的財貨，以及其所帶給我們的快樂或痛苦。邊沁發明效用的概念就是爲了這個目的。不過，安德森主張以效用（或金錢）評價一切事物的方法會貶低某些財貨與社會慣例，包括兒童、懷孕以及對於子女的教養，而這些事物必須憑藉較高的準則才能獲得適當的評價。

較高的準則究竟是什麼，又如何能夠知道哪些財貨與社會慣例適用什麼樣的評價方式？回答這個問題的一個方法，就是以自由的觀念做爲起點。由於人類擁有自由的能力，因此我們不該被當成單純的物品而加以利用，應該受到有尊嚴與敬重的對待。這種觀點強調人（應當受到尊重）與單純的物品或東西（可以受到使用）之間的差異，正是道德中的根本區別。這種觀點最著名的辯護者是康德，我們將在下一章探討他的思想。

另一種界定更高準則的觀點，則是以這項觀念做爲起點：評價財貨與社會慣例的正確方

「我現在比當初自己懷孕還要小心[61]。」儘管她選擇擔任代理孕母的經濟利益明白可見，卻難以說是自由做出的選擇。此外，創造一項具有全球規模的收費代孕產業，而且在貧窮國家還是刻意施行的政策，更讓人覺得代孕是藉著把女性的身體與生殖能力工具化而貶低了她們。

我們很難想像還有什麼人類活動會比生子和打仗差別更大。不過，印度的代理孕母和卡內基雇來取代他去打南北戰爭的士兵，其實有某些共通之處。思考他們處境的是非對錯，會使我們面對區別不同正義概念的兩個問題：我們在自由市場上所做的選擇有多麼自由？是不是有特定的德行與更高的財貨是無法由市場表彰，而且是錢買不到的？

5.
重點在於動機／康德

勞。他是一位勤奮且備受喜愛的講師，一週教二十堂課，包括形上學、邏輯學、倫理學、法學、地理學與人類學。

一七八一年，五十七歲的他出版了第一部重要著作《純粹理性批判》（*The Critique of Pure Reason*），對於一般認爲源自於休謨（David Hume）與洛克的經驗主義知識論提出質疑。四年後，他又出版了《道德的形上學基礎》（*Groundwork for the Metaphysics of Morals*），是他在道德哲學方面的第一部著作。在邊沁出版《道德與立法原理》（*Principles of Morals and Legislation*，一七八〇）這部著作的五年後，康德這一本《道德的形上學基礎》對功利主義提出了嚴厲批判。他在書中主張道德的重點不在於追求幸福最大化或者其他任何目標，而是在於尊重人本身就是目的。

康德出版這本書的時間是在美國革命（一七七六）之後，就在法國大革命（一七八九）之前。一如這兩場革命的精神與道德動力，他的著作也爲十八世紀的革命家所謂的人的權利——二十一世紀初的我們則是稱之爲普世人權，提供了強而有力的基礎。

康德的哲學思想非常難懂，但不要因此被嚇跑了。他的著作值得花費心力閱讀，因爲其中涉及的後果極大。《道德的形上學基礎》探究一個大問題：道德的最高原則是什麼？而在回答這個問題的過程中，這部著作又觸及另一個極爲重要的問題：自由是什麼？

康德對這些問題提出的答案，自此一直深深影響著道德與政治哲學。不過，他的歷史影響力並非我們應該注意他的唯一原因。雖然康德的哲學思想乍看之下令人望而生畏，實際上卻形塑了許多道德與政治的當代思維，儘管我們可能沒有意識到這一點。所以，理解康德不只是一項哲學上的練習，也可藉此檢視我們的公共生活當中隱含的若干關鍵假設。

康德對於人性尊嚴的強調，形塑了當今的普世人權概念。更重要的是，他對於自由的論述也存在於當代關於正義的許多辯論當中。在本書的引言裡，我區分三種看待正義的方式。其中一種方式是功利主義觀點，認為定義正義和決定何謂正確行為的方法，就是問怎麼做能夠造成福利或是整體社會的集體幸福最大化。第二個看待正義的方式是把正義與自由連結起來。自由放任主義者提供了這種觀點的一個例子。他們指出，所得與財富的公正分配就是在一個不受約束的市場當中，由商品與服務的自由交易所造成的分配結果。他們堅稱管制市場是不公的做法，因為這樣侵害了個人的選擇自由。第三種看待正義的方式則是認為正義就是給予人在道德上應得的東西，也就是分配財貨以獎勵並且提倡德行。我們之後在第八章談到亞里斯多德時，也會看到這種以德行為基礎的觀點連結正義，藉以省思美好人生。

康德反對第一種方式（追求福利最大化）與第三種方式（提倡德行）。他認為這兩種方式都不尊重人類的自由。所以，康德是第二種方式的強力擁護者，也就是把正義與道德連結

的能力。

康德坦然承認，理性能力並非我們擁有的唯一能力，我們還有感受快樂與痛苦的能力。康德認知到，我們不但是理性的動物，也是有感覺的動物。所謂「有感覺」，康德指的是我們會對自己的感官與感受做出回應。所以，邊沁確實說得對，但只對了一半。他說我們喜歡快樂而厭惡痛苦，確實沒錯，但他堅稱這種偏好是我們的「最高主宰」，這點卻錯了。康德主張理性可以具有最高主導地位，至少有些時候是如此。理性一旦支配了意志，我們就不會受到趨樂避苦的渴望所驅使。

我們的理性能力與自由能力密不可分。這兩種能力共同爲我們賦予了獨特性，使我們過著不只是動物般的生活，也使我們成爲不只是忙著滿足嗜慾的動物而已。

自由是什麼？

要理解康德的道德哲學，必須了解他所謂的自由是什麼意思。我們經常認爲自由就是不受阻礙，想做什麼就做什麼。康德不這麼認爲。他對自由提出了一種比較嚴苛且吃力的概念。

康德是這麼推論的：我們一旦像動物一樣趨樂避苦，就不是眞的擁有行爲上的自由，而是受到嗜慾和渴望所奴役。爲什麼？因爲每當我們致力於要滿足自己的渴望，所做的一切就是爲了某種由外力給予的目標。我往這邊走是爲了塡飽肚子，往那邊走是爲了止渴。

假設我要決定該買哪一種口味的冰淇淋：我該買巧克力、香草，還是咖啡太妃糖脆片口味？我也許認爲自己是實行選擇自由，實際上只是試圖決定哪一種口味最能滿足自身的偏好，但那些偏好並不是出自我的選擇。康德沒有說滿足偏好是錯誤的行爲，其重點是這麼做並不是自由的行爲，而是依據外力決定的結果採取行動。畢竟，我對咖啡太妃糖脆片口味的喜好勝過香草不是我選擇的結果，我只是單純擁有這樣的傾向。

幾年前，雪碧汽水推出了這句廣告口號：「服從你的渴望。」雪碧的廣告帶有一項康德洞見（這無疑是無意間造成的結果）。我如果拿起一罐雪碧（或是百事可樂或可口可樂），這是一種服從而不是自由的行爲。我這麼做是在回應一項並非由我選擇的欲求。我只是在服從自己的渴望。

人經常爭論著先天與後天條件對形塑行爲所扮演的角色。對於雪碧（或者其他含糖飲料）的渴望究竟是存在基因中，或是受到廣告引誘而來？在康德眼中，這樣的辯論根本不是重點所在。只要我的行爲是受到生物構造的決定或是社會的制約，就不是眞正自由。根據康

導致丟臉的後果，那麼他說實話的行爲就缺乏道德價值。不過，如果他說實話是因爲他知道這是正確的行爲，那麼不論他是否從中得到何種快樂或滿足，他的行爲還是具有道德價值。只要他爲了正確的理由而做出正確的事情，因此感到愉悅就不會有損其道德價值。

在康德舉的例子中，那個利他主義者也是如此。如果他幫助別人純粹是爲了這麼做帶來的快樂，其行爲就缺乏道德價值。不過，他如果認知到人有義務幫助自己同胞，並且依循此一義務行事，他從中得到的快樂就不會剝奪那項行爲的道德性。

在現實生活中，義務與喜好經常是同時並存。我們很難釐清自己的動機，更遑論確知別人的動機。康德不否認這一點，也不認爲只有鐵石心腸的恨世者能夠做出具有道德價值的行爲。他以恨世者爲例的重點是要把義務動機單獨分離出來，也就是在不受同情心或慈悲心的影響下加以檢視。一旦我們窺見義務動機，即可辨識出爲我們的善行賦予道德價值的特性，也就是那些善行的原則，而不是其後果。

道德的最高原則是什麼？

如果道德是依據義務行事，就必須指出義務需要什麼條件。對於康德而言，要知道這一點就必須知道道德的最高原則是什麼？康德撰寫《道德的形上學基礎》的目標就是要回答這個問題。

要理解康德的答案，可以檢視他如何把道德、自由與理性這三大觀念連結起來。他透過一系列的對比或二元對立解釋這些觀念。雖然其中涉及一些專門術語，但你只要注意到這些對比用語當中的相似之處，即有充分的基礎可以理解康德的道德哲學。以下就是你必須記住的對比：

對比一（道德）：義務相對於喜好
對比二（自由）：自主相對於他律
對比三（理性）：定言令式相對於假言令式

我們早已探究過第一種對比，也就是義務與喜好的對比。只有義務動機能夠為行為賦予道德價值。接著且來看看我能不能說明另外兩種對比。

第二項對比描述的是，能夠決定我的意思的兩種不同方式：一種是自主的，另一種是他律的。根據康德的說法，我的意志唯有受到自主決定，由我為自己訂定的法則所支配，我才

是這樣，我們還不如遵循本能[14]。

在康德的觀念裡，理性——這裡指的是實踐理性，也就是在道德當中涉及的那種理性——不是工具理性，而是「純粹實踐理性，從事先驗立法，不理會一切經驗目標[15]」。

定言令式 vs. 假言令式

可是，理性怎麼能夠做到這一點？康德區辨了理性能夠指揮意志的兩種方式，兩種不同的令式（imperative）。其中一種令式，也許是最爲人熟知的一種，就是假言令式（hypothetical imperatives）。假言令式使用工具性理性：你如果想要X，就做Y。你如果想要獲得良好商譽，就誠實對待你的顧客。

康德把總是把帶有條件的假言令式和另一種無條件的令式對比：定言令式（categorical imperative）。「一項行爲的善，如果只是在於做爲達成另一件事物的手段，」康德寫道：「那麼這種令式就是假言令式。一項行爲的善如果在於其本身，因此對於本身合乎理性的意志而言不可或缺，那麼這種令式就是定言令式[16]。」「定言」一詞看起來也許像是專門術語，但其實不難理解。康德所謂的「定言」，指的就是無條件的意思。所以，假如有個政治人物對於外傳自己涉及的一項醜聞提出定言的否認，此一否認就不只是堅決有力，而且是無條件的，也就是沒有任何漏洞或例外。定言義務或者定言權利也是同樣的道理，不論任何情況都適用的義務或者權利。

在康德眼中，定言令式具有無條件的指揮力量，不需指涉或者依賴任何更進一步的目的。「定言令式關注的不是行爲的內容以及可能帶來的後果，而是行爲的形式，以及產生行爲的原則。行爲中本質的善，乃是由心理傾向構成，不論後果如何。」康德主張只有定言令式有資格成爲道德令式⑰。

如此一來，我們即可看出這三項平行對比之間的關聯。要達到自主的自由，我的行爲就不能是依據假言令式，而是必須依據定言令式。

這個說法還剩下一個大問題沒有解決：定言令式是什麼，對我們的要求又是什麼？康德指出，要回答這個問題，可以憑藉以下這項觀念：「一種憑藉其本身達成絕對掌控效果的實踐法則，不靠任何更進一步的動機⑱。」這種法則把我們當成理性個體加以約束，而不管我們的個別目標。那到底是什麼？

康德提出了定言令式的幾個版本或者表述，而且他認爲這些版本終究都是同樣的東西。

定言令式一：把你的行為準則普世化

康德把第一個版本稱爲普世法則形式：「你據以行事的行爲準則（maxim），必須要你同時也能夠希望其成爲普世法則[19]。」康德所謂的「行爲準則」，係指爲你的行爲提供理由的規則或原則，就是說我們應該只遵循自己能夠在毫不矛盾的情況下予以普世化的原則。毋庸諱言，康德這項檢驗標準確實頗爲抽象。要理解他提出的標準是什麼意思，且來想想一個具體的道德問題：許下了明知自己無法信守的承諾，有沒有可能是正確的行爲？

假設我迫切需要一筆錢，而開口向你商借，我心知肚明自己短期內不可能還錢。我如果爲了借到錢，而在明知做不到的情況下，假意向你承諾會立刻還錢，這樣的行爲在道德上是允許的嗎？虛假的承諾是否可能符合定言令式的要求？康德說不可能，明白可見的不可能。只要試圖把我即將據以行事的行爲準則普世化，即可看出虛假的承諾與定言令式不免互相牴觸[20]。

這個案例當中的行爲準則是什麼呢？「每當有人迫切需要錢，就應該向人商借，並且承諾會歸還，儘管他明知自己實現不了這項承諾。」康德指出，你如果試圖把這項行爲準則普世化，並且同時據以行事，就會發現一項矛盾：如果每個人需要錢時都許下虛假承諾，就不會有人相信這種承諾。實際上，如此一來將不會再有所謂的承諾，把虛假承諾普世化，將會破壞信守承諾的習俗慣例。這樣的話，若你想藉著許下承諾而借到錢，就會是徒勞或是不理性的行爲。由此可見許下虛假承諾在道德上是錯誤的行爲，與定言令式互相牴觸。

有些人認爲康德這個定言令式的版本缺乏說服力。普世法則形式與成人責罵插隊或插嘴的兒童，所使用的老掉牙的道德訓誡頗爲相似：「如果每個人都這麼做，該怎麼辦？」如果每個人都說謊，就沒有人能夠仰賴任何人的話，我們所有人都會因此受害。如果康德是這個意思，他提出的終究就只是一項結果論的論點——不是基於原則反對虛假承諾，而是因爲虛假承諾可能產生有害的效果或後果。

就連彌爾這位大思想家，也對康德提出過這樣的批評。不過，彌爾誤解了康德的重點。對康德而言，檢視我是否能把我依循的行爲準則普世化，而且仍然據以行事，並不是一種猜測可能後果的方式。這種檢驗的目的在於看出我的行爲準則是否合乎定言令式。虛假承諾之所以在道德上錯誤，原因不是推廣這種行爲之後將會摧毀社會信任（儘管很可能會如此），而是因爲我許下虛假承諾即是把自己的需求與渴望（這個案例的對象是錢），擺在其他所有人的需求與渴望之前。普世化的檢驗指向一道強而有力的道德主張：這是一種驗證方式，用以確認我即將採取的行動，是否把自己的利益與特殊處境擺在其他所有人的利益之前。

定言令式二：把人視為目的

定言令式的道德力量在康德的第二項表述當中更清楚明白，也就是把人性視爲目的。康德這麼介紹定言令式的第二個版本：我們不能把道德法則奠基於任何特定的利益、目的或目標之上，這麼一來道德法則就只會與追求那些目標的人有關。「不過，假設有某個東西的存在本身具有絕對價值，」其本身即是目的。「在這個東西中，也只有在這個東西當中，才可能會有定言令式的基礎[21]。」

什麼東西有可能會有絕對的價值，而且本身就是目的？康德的答案：人性。「我認爲人——總體來說包括所有的理性個體，本身就是一種目的，而不是僅供某種意志恣意使用的工具[22]。」康德提醒我們，這就是人與物之間的根本差異。人是理性個體。人不只有相對價值，而是有絕對價值，一種內在的價值，也就是說，理性個體擁有尊嚴。

這樣的推論把康德引導至定言令式的第二項表述：「你採取行爲的方式，必須把人性，不論是你自己或其他任何人的人性，不只是當成手段，而是永遠都必須同時也將其當成目的[23]。」這就是把人性視爲目的的形式。

再次想想虛假承諾。定言令式的第二項表述，有助於我們從一個稍微不同的角度看出爲什麼許下虛假承諾是錯誤的行爲。如果明知自己做不到，卻又承諾一定會歸還我想向你借的錢，我就是在操弄你。我是在利用你，把你當成解決我財務周轉問題的手段，而不是把你當成應當受到尊重的目的。

接著再來想想自殺的例子。值得注意的是，謀殺與自殺同樣都牴觸定言令式，而且也是因爲同樣的理由。在道德上，我們經常把謀殺與自殺視爲非常不同的行爲。殺害別人是在違背其意願的情況下剝奪他的性命，自殺則是從事這項行爲的人本身的選擇。不過，康德將人類視爲目的的概念，卻把謀殺與自殺擺在相同的基礎上。我如果犯下謀殺行爲，就是爲了自己的某種利益而奪取別人的性命，不論那項利益是搶劫銀行、鞏固政治權力，或是發洩我的憤怒。我把那個受害者當成手段利用，而未能將其人性視爲目的而加以尊重。這就是爲什麼謀殺行爲違反了定言令式。

在康德眼中，自殺也以相同的方式違反了定言令式。我如果爲了逃避一個痛苦的情境而終結自己的性命，就是把我自己當成手段利用，用於紓解自身的痛苦。不過，如同康德提醒我們的，人不是物，「不是純粹當成手段利用的東西」。我不但無權消除別人的人性，也一樣無權消除我自己的人性。在康德眼中，自殺的錯與謀殺的錯誤相同，這兩種行爲都把人當成物品對待，而未能尊重人性本身即是目的[24]。

康德認爲我們有義務尊重人類同胞，而自殺的例子就凸顯了這種義務的一項特徵。在康德眼中，尊重自己與尊重別人都源自同一項原則。尊重的義務是我們對於身爲理性個體與人性載體的人所負有的義務，不論那個人是誰。

尊重和人類依附關係的其他形式有所不同。愛、同情、團結與同胞感受都是道德情感，使我們與某些人的關係，比和其他人更爲接近。不過，我們之所以必須尊重人的尊嚴，原因和他們的任何特性都沒有關係。康德式的尊重和愛不一樣，也不像同情，也不像團結或同胞感受。這些關懷別人的理由都與他們是什麼人有關。我們愛我們的配偶與家人，同情自己能夠認同的對象，我們對自己的朋友與同志懷有團結的情感。

不過，康德式的尊重是對人性的尊重，這種尊重的對象是毫無差別地存在於所有人中的理性能力，由此即可解釋爲什麼侵害我本身的人性，也和侵害別人的人性一樣不可接受。這點解釋了爲什麼康德式的尊重原則有助於普世人權的信條。在康德眼中，正義要求我們必須維護所有人的人權，不論他們住在哪裡，或是我們和他們有多麼熟，而是單純因爲他們是人，擁有理性能力，因此應當受到尊重。

道德與自由

如此一來，我們可看出康德心中的道德與自由的關聯。從事道德行爲即是依據義務行事，爲了道德法則而行事。道德法則含有一項定言令式，這項原則要求我們尊重待人，把人本身視爲目的。只有在我的行爲合乎定言令式的時候，我的行爲才是自由的。每當我的行爲是依循假言令式，即是爲了外力給予我的某種利益或目的而行動。在這樣的情況下，我就不是眞的自由；我的意志不是由我決定，而是由外力決定——由我的處境所帶有的必要性或是我恰好擁有的匱乏與渴望所決定。

唯有藉著從事自主行爲，依據我爲自己訂定的法則行事，才能擺脫自然與情境的左右。這樣的法則必須不受制於我的匱乏與渴望。所以，康德對於自由與道德的嚴苛概念是彼此相關的。從事自由或者自主的行爲，和從事合乎道德或者合乎定言令式的行爲，完全是同一件事。

這種思考道德與自由的方式，促使康德對功利主義提出嚴厲批判。把道德立基於特定的利益或渴望（例如幸福或者效用）必然不免失敗。「因爲他們發現的根本不是義務，只是依據特定利益採取行爲的必要性而已。」不過，任何奠基在利益上的原則「必定只會是條件式的原則，而不可能成爲道德法則㉕」。

向康德提問

康德的道德哲學相當強而有力也深具說服力，但有可能難以理解，尤其是在一開始的時候。你如果到目前爲止都看得懂，那麼心裡可能不免產生一些疑問。以下是四個特別重要的問題。

問題一：康德的定言令式要求我們尊重所有人，把每一個人本身都視為目的。這種觀點不是很像黃金律嗎（「己所欲，施於人。」）？

答案：不是。黃金律仰賴於人喜歡如何被對待的偶然事實。定言令式要求我們排除這類偶然性，把人當成理性個體加以尊重，不論他們在特定情境下可能會想要什麼。

假設你得知你的哥哥出車禍喪生。這時候，你那位年老體衰且住在養老院裡的母親問起哥哥的狀況。你左右爲難，不曉得該對她說實話，或是不讓她承受震驚與哀痛。如何做才是對的？黃金律會問：「你在類似的情境下，會希望別人怎麼對待你？」當然，這個問題的答案因人而異。有些人在脆弱的時刻寧可不要知道嚴酷的事實，有些人則是無論如何都希望知道眞相。說不定你最後的結論是認爲，若你處在和母親一樣的狀況下，寧可不要知道那個消息。

不過，康德卻認爲這是問錯了問題。重要的不是你（或母親）在這種情況下會有什麼感受，而是怎麼樣才算是把人當成應該受到尊重的理性個體對待。在這個案例中，慈悲心與康德式的尊重可能分別指向不同方向。從定言令式的觀點來看，因爲體貼母親的感受而說謊，即是把她當成工具利用，用於促成她的心滿意足，而不是把她當成理性個體加以尊重。

問題二：康德的意思似乎是說，履行義務與自主行為是同一件事情，怎麼可能呢？依循義務行事就表示必須遵循法則。服從法則怎麼可能和自由相容？

答案：只有在一種特殊案例下，義務與自主性才會合而爲一，亦即我有義務遵循的法則是由自己訂定的。我身爲自由人的尊嚴不在於身受道德法則的約束，而是在於身爲「這項法則的訂立者……並且純粹因爲這個理由而臣服於該項法則」。我們如果遵循定言令式，即是遵守自己選擇的法則。「人的尊嚴在於他訂定普世法則的能力，唯一的條件是他本身也受到自己訂定的法則所約束㉖。」

問題三：自主如果是指依據我為自己訂定的法則行事，誰能保證所有人都一定會選擇相同的道德法則？如果定言令式是我自身意志的產物，不同的人豈不是有可能得出不同的定言令式？康德似乎認為所有人都會對相同的道德法則懷有一致的意見，可是他如何能確定不同的人不會有不同的推理，從而得出不同的道德法則？

答案：我們許下道德法則的時候，不是以你我這樣的個別身分進行選擇，而是以理性個體，以康德所謂的「純粹實踐理性」的參與者這樣的身分進行選擇。所以，認爲道德法則可由個人自行決定，是錯誤的想法。當然，如果我們從自己的特定利益、渴望與目標進行推理，可能會得出各種不同原則。不過，這些原則不是道德原則，只是精審的原則而已。只要我們運用純粹實踐理性，就能夠排除個別利益，表示每個運用純粹實踐理性的人都會得出同樣的結論：得出單一項（普世）定言令式。「因此，自由意志與遵循道德法則的意志，是完全相同的東西㉗。」

問題四：康德主張如果道德不只是精審計算，就必須採取定言令式的形式。但我們怎麼能夠知道道德獨立於權力與利益的影響而存在？我們真的能夠確定自己有能力採取自主行為，擁有自由意志嗎？如果科學家發現我們終究沒有自由意志呢（也許透過大腦造影或者認知神經科學）？這樣會不會證明康德的道德哲學不成立？

答案：意志自由不是科學能夠證明或證僞的東西，道德也不是。人類確實生活在自然界裡，我們做的一切，都能夠從物理或生物觀點加以描述。我舉手投票的行爲可以由肌肉、神經元、突觸與細胞解釋，也可以由觀念與信仰的角度解釋。康德指稱我們無法不從這兩種立場理解我們自己：一種是物理學與生物學的經驗領域，另一種是自由人類主體性的「理智」領域。

要更完整回答這個問題，我必須多談一些這兩種立場。這兩種觀點可讓我們用來看待人類主體性，以及支配我們行爲的法則。康德對這兩種立場是這麼描述的：

理性個體……有兩種觀點可以用來看待自己以及理解支配……他所有行為的法則。第一，只要他屬於感官界的一分子，就可以認為自己受到自然法則的支配（他律）；第二，只要他屬於理智界的一分子，也可以認為自己受到另一種法則支配，這種法則獨立於自然界之外，不是經驗性的法則，而是純粹只奠基在理性之上㉘。

這兩種觀點的對比，與先前討論過的三項對比是一致的：

對比一（道德）：義務相對於喜好
對比二（自由）：自主相對於他律
對比三（理性）：定言令式相對於假言令式
對比四（立場）：理智界相對於感官界

身爲自然個體，我屬於感官界的一分子。我的行爲受到自然法則以及因果規律性所決定。這是人類行爲中可以由物理學、生物學，以及神經科學描述的面向。身爲理性個體，我生活在理智界裡。在這裡，獨立於自然法則之外，我擁有自主能力，能夠依據我爲自己訂定的法則行事。

康德指出，唯有採取第二個立場（理智界），我才能夠認爲自己是自由的，「因爲不受感官界的肇因所決定（而且理性必須隨時爲自己賦予這項特性）即是自由[29]」。

我如果只是經驗個體，就不可能擁有自由的能力；在這種情況下，我運用意志不免受到某種利益或渴望所影響。如此一來，所有的選擇都會是他律的，受到對於某種目標的追求所支配。我的意志絕不可能會是第一因，而只會是某種前因的後果，只是某種衝動或喜好的工具。

只要我們認爲自己是自由的，就不能認爲自己只是經驗個體。「我們一旦認爲自己是自由的，就會把自己轉變爲理智界的一分子，並且認知到意志的自主性以及其後果——也就是道德[30]。」

所以，回到先前的問題，定言令式怎麼可能存在？就是因爲「自由的觀念使我成爲理智界的一分子[31]」。認爲我們能夠自由行動，爲自己的行爲負起道德責任，並且要求別人同樣負起責任：這種觀念要求我們必須以這種觀點看待自己，也就是主體的立場，而不只是客

低也物化了性交的雙方。他認爲應該反對隨意性交，原因是這種行爲的重點完全在於滿足性慾，而不是在於尊重性伴侶的人性。

男人對女人感到的渴望，不是因為她身為人而投射在她身上，而只是因為她是個女人；對於那個男人而言，她身為人這件事完全無關緊要，只有她的性別才是他渴望的對象㉞。

就算雙方都滿足於隨意性交的行爲，「他們也還是侮辱了對方的人性，把人性當成滿足自身肉慾和喜好的工具㉟」（康德認爲婚姻能夠把性提升至肉體滿足之上，而與人性尊嚴連結起來。至於他爲什麼這麼認爲，我們馬上就會談到）。

康德把焦點轉向賣淫是否合乎道德的問題，而問及什麼情況下運用性功能是合乎道德的行爲。他的回答和在其他情境中一樣，我們不該把別人或是我們自己，單純當成客體對待。我們不受自己任意處置。康德的看法與自由放任主義的自我所有權概念形成強烈對比，他堅稱我們對自己並不擁有所有權。我們必須把別人當成目的而不只是手段的道德要求，限制了我們可以對待自己身體以及自己的方式。「人不能任意處置自己，因爲人不是物；人不是自己的財產㊱。」

在性道德的當代辯論裡，援引自主權的人士主張，個人應該要能夠自由選擇如何使用自己的身體。不過，這不是康德對於自主性的定義。說來矛盾，康德的自主概念限制了人們對待自己的方式。請回想：自主就是受到我為自己訂定的法則所支配，也就是定言令式。定言令式則是要求我以尊重的方式對待所有人（包括我自己在內），把人當成目的，而不只是手段。所以，在康德眼中，從事自主性的行為就必須尊重自己，不物化自己。我們不能隨自己高興而任意使用我們的身體。

在康德的時代，腎臟市場並不普及，但當時的富人確實會向窮人買牙齒來移植在自己身上（十八世紀英國漫畫家羅蘭森〔Thomas Rowlandson〕的畫作《移植牙齒》呈現了一間牙醫診所內的情景，只見一名牙醫從一個掃煙囪工人的口中拔下一顆牙齒，而富裕的婦女則在一旁等待著移植牙齒）。康德認為這種做法侵害了人性尊嚴。人「無權販售自己的肢體，就連一顆牙齒也不行㊲」。這麼做即是把自己當成客體，當成純粹的手段，當成獲利的工具。

康德反對賣淫也是基於相同的理由。「允許一個人為了獲利，而讓自己的身體被別人用來滿足性慾，把自己當成需求的對象，即是……把自己當成供別人滿足其胃口的物品，就像是被人用來填飽肚子的牛排一樣。」人類「無權為了獲利而把自己當成物品讓別人滿足其性癖好」。這麼做即是把自己當成物品，當成供人使用的客體。「根本的道德原則是，人並非

人民說了謊？

克雷格：他不認為他有，而且因為——請讓我解釋——議員，請讓我解釋。

英格里斯：他不認為自己說了謊嗎？

克雷格：沒錯，他不認為自己說了謊，因為他對於性的理解，就是辭典當中的定義。你也許不同意這種觀點，但在他自己的心目中，他的定義不是——

英格里斯：好，我明白這種論點。

克雷格：好。

英格里斯：這實在是令人訝異，你竟然坐在我們面前而收回了他所有的——他所有的道歉。

克雷格：不是。

英格里斯：你要把他的道歉全部收回，不是嗎？

克雷格：不是，我沒有要收回。

英格里斯：因為你現在又回歸了那種論點——你在這裡可以提出許多論點，其中一項是他沒有和她性交。只是口交，不是真正的性交。你今天是不是打算這麼告訴我們，說他沒有和陸文斯基性交？

克雷格：他對美國人民說的是他沒有發生性關係。議員，我知道你不會喜歡我說的話，因為——你一定會認為這是利用技術細節進行辯護，或是吹毛求疵的閃躲性回答。不過，每一本辭典都是以特定方式定義性關係，而他並沒有和陸文斯基發生那樣的性接觸……所以，他有沒有欺瞞美國人民？有。那麼做是錯的嗎？是。這種行為是不是應該受到譴責？是㊹。

如同柯林頓自己早已承認的，他的律師也坦承總統與那名實習生的關係錯誤、不適當，而且應當受到譴責。此外，總統對於那件事的陳述「誤導並且欺瞞了」大衆。他唯一拒絕承認的是總統說了謊。

這項否認的關係有多麼重大？這個問題的解釋絕不僅限於法律方面，亦即在書面證詞或法院中宣誓之後，說謊可以被控僞證罪。他們辯論的那句陳述不是在宣誓的情況下，而是在對美國大衆播放的電視轉播聲明裡。儘管如此，共和黨的調查者與柯林頓的辯護者卻一致認爲，必須確認柯林頓究竟是說了謊，或只有誤導與欺瞞，而且這點涉及某種重要的東西。他們對於「他是不是說了謊？」這一點進行的激烈爭辯，支持了康德認爲謊言與誤導性的眞話之間存在著具有道德重要性的差異這項觀點。

截至目前爲止，我已經指出同意並非道德義務的充分條件；一項不公平的協議有可能遠遠缺乏互利性，以致其自願性質也無法加以補救。接下來，我想提出一項更具爭議性的主張：同意不是道德義務的必要條件。只要互利明顯可見，那麼互惠的道德主張權就算沒有任何同意行爲也還是有可能成立。

同意並非是義務的基礎：休謨的房子與橡膠刮刀人

十八世紀蘇格蘭道德哲學家休謨就曾遇過這種案例。休謨年輕時曾針對洛克的社會契約觀念，寫了一篇措辭尖銳的批評文章。他稱之爲一種「哲學幻想，從來沒有，也不可能有任何眞實性⑤」，而且還是「所有想像得到的運作方式當中最神秘難解的一種⑥」。多年後，休謨遭遇的一項經歷考驗了他反對同意是義務基礎的想法⑦。

休謨在愛丁堡有一棟房子，租給了朋友鮑斯威爾（James Boswell），而鮑斯威爾又轉租給一名房客。那名房客認爲房子需要修繕，在沒有問過休謨的情況下就雇用了一名包商來修繕，包商完成工作之後把帳單寄給了休謨。休謨拒絕付款，理由是他沒有同意這件事，也沒有雇用那個包商。案件告上法庭，包商承認休謨沒有同意，不過房子確實需要修繕，而他也完成了那些工作。

休謨認爲這個理由很糟糕。休謨向法庭指出，包商的主張只是單純聲稱「那件工作是必需的」。可是這個「回答不成立，因爲按照這樣的標準，他大可對愛丁堡的每一棟房屋進行他認爲必要的修繕，而不需取得屋主的同意……然後再提出相同的理由，指稱那些修繕是必要的，而且屋況也獲得改善」。不過，這是「一項頗爲新穎且完全站不住腳的論點」，休謨斷言指出⑧。

在這個案件中，休謨不喜歡純粹以受益爲基礎的義務理論。不過他並未辯護成功，法庭還是判定他必須付款。

在休謨的案例中，即使人們在不同意的情況下，依然必須爲自己獲得的利益負起償付義務的想法，具有道德上的可信度。不過，這種觀念很容易淪爲強迫推銷手法或被濫用。在一九八〇年代與九〇年代初期，「橡膠刮刀人」成了紐約市街頭上令人害怕的身影。那些人帶著一把橡膠刮刀與一桶水，看到停等紅燈的車輛就上前擦洗擋風玻璃（經常沒有事先請求駕駛人的同意），然後再要求駕駛人付費。他們憑藉的就是休謨的包商援引的以受益爲基礎的義務理論。不過，在沒有同意的情況下，提供服務與乞討之間的界線經常會變得模糊不清。時任市長朱利安尼（Rudolph Giuliani）決定取締橡膠刮刀人，要求警方逮捕他們⑨。

受益或同意？山姆行動維修車

如果沒有明確區辨關於義務的同意面向與受益面向，可能會造成混淆，我們可用以下的例子來說明。許多年前，當我還是個研究生的時候，我和幾個朋友駕車橫越美國。我們在印第安納州哈蒙德的休息站停車，進去一家便利商店，回到車上後卻發現車子發動不了。我們幾個人都不懂修車，而就在大家不曉得該怎麼辦的時候，一輛廂型車開到旁邊停了下來，側邊有個招牌寫著「山姆行動維修車」。有一個人開門下車，想必就是山姆。

他問我們是否有需要他幫忙的地方。「我的計費方式是這樣的，」他說明：「我一小時收費五十美元。如果在五分鐘內把車修好，你們一樣得付我五十美元。如果我修了一小時卻修不好，你們還是得付我五十美元。」

「你修好這部車的機率有多高？」我問。他沒有回答我的問題，而是開始在方向機柱底下東看西瞧。我不確定該怎麼辦，只好望著我的朋友，看看他們有什麼想法。一會兒之後，那個人從方向機柱底下探出頭來，說：「點火系統沒有問題，不過你們還有四十五分鐘。你們要我打開引擎蓋看看嗎？」

「等一下，」我說：「我又還沒雇用你，我們沒有達成任何協議。」那人氣沖沖地說：

「你的意思是說，萬一我剛剛在方向機柱底下檢查時把車修好了，你們也不會付我錢嗎？」

我答道：「那是另一個問題。」

我沒有詳細說明基於同意與受益的義務之間的差異。不曉得爲什麼，我認爲探討這點不會有幫助。不過，與修車工山姆的爭執凸顯了同意經常被人搞混的一點。山姆認爲，如果他檢查我的車子時也把車子修好了，我就必須付他五十美元。我同意。可是我之所以必須付他那筆錢，原因是他提供了我一項利益，也就是修好車子。他推論認爲，因爲我在他修好車的情況下必須付錢，所以我必定已經同意雇用他（儘管沒有明言）。可是這項推論是錯的，其錯誤是認定只要有義務存在，就必定也有協議的存在，也就是某種同意的行爲。這種推論忽略了義務有可能在未經同意的情況下產生。如果山姆修好了我的車，我基於互惠的理由而必須付他錢。單純向他道謝即駕車離開未免不公平，但這點並不表示我雇用了他。

我向學生講述這個故事的時候，大多數人都同意我在那個情況下不需付山姆五十美元。不過，許多人的理由卻和我不同。他們指出，由於我沒有明確表示要雇用山姆，所以不需要付他錢，就算他修好了車，我也不必付錢。我如果給他錢，也只是一種慷慨的表現，是出於感激的獎賞，而不是欠他的費用。因此，他們雖然爲我辯護，卻不是採取我這種比較寬廣的義務觀，而是主張一種比較嚴苛的同意觀。

我們雖然傾向於認爲所有的道德主張權中，都存在著同意的成分，但如果不承認互惠本身所具有的力量，就很難理解道德生活。以婚姻契約爲例，假設我在結婚二十年後發現自己雖然一直對妻子很忠誠，她卻在外面有別的男人。這時我有兩個不同的理由可以感到道德憤慨。其中一個是訴諸同意：「我們達成了協議，你發了誓，卻違背了自己的承諾。」第二是訴諸互惠：「我一直都對你忠誠，我不該受到這樣的對待，你怎麼可以這樣回報我的忠心？」第二種埋怨沒有提及同意，也不需要同意的條件。就算我們從來沒有互許結婚誓言，但在這些年來都是以伴侶的身分生活在一起，第二種埋怨也還是一樣具有道德上的可信度。

想像完美的契約

以上的不幸事件如何讓我們理解契約的道德性？契約的道德力量來自於兩種不同理想——自主性與互惠性。不過，大多數實際情況的契約都無法達成這些理想。我如果面對一個占有優勢談判地位的對象，我的同意可能不是全然出於自願，而是壓力造成的結果，在極端的案例下更可能是遭到脅迫的後果。談判的對象如果對我們交易的事物擁有較多理解，那麼達成的協議可能不具有互利性。在極端的案例中，我可能會遭到詐騙或者欺瞞。

在現實生活裡，每個人的處境各自不同，可能有談判能力與知識的差異。只要這點成立，協議的事實本身就不足以保證協議的公平性。這就是為什麼實際上的契約並非獨立自足的道德工具。我們總是有充分的理由可以問：「雙方同意的條件是否公平？」

不過，請想像有一份契約，訂立約定的各方在能力與知識上都相等，處境也相同。接著，再想像這份契約的目的不是水電維修或者任何尋常事務，而是訂定原則以便管理人們的集體生活，對於身為公民的我們指派權利與義務。這樣的契約由各方制定而成，將不會有任何脅迫、欺騙或者其他不公平優勢的空間。這種契約的條款，不論其內容為何，都會純粹因為其得到同意而具有公正性。

你如果能夠想像這麼一份契約，你就理解了羅爾斯所謂的在初始平等狀態中訂立的假設性協議這項觀念。無知之幕確保了原始立場所需的能力與知識的平等。藉著確保所有人都不知道自己在社會中的地位、自己的優缺點，以及自己的價值觀或目標，無知之幕因此確保了所有人無論有意或無意，都不可能利用優勢談判地位占別人的便宜。

如果允許人擁有對於具體事物的知識，那麼結果就會受到任意性的偶然條件扭曲……如果原始立場要產生公正的協議，訂約各方就必須處於公平的狀態，並且以道德人的身分受到

本結構，以及社會對於權利與義務、所得與財富、權力與機會的分配方式。在羅爾斯眼中，該問的問題是，蓋茲的財富是不是產生自一套就整體而言有助於最貧窮人口的制度。舉例而言，他的財富是不是受制於累進稅制，藉著向富人課稅而增進窮人的健康、教育和福利？如果是這樣，而且這套制度又讓窮人的生活過得比在更嚴格的平等安排下更好，那麼這種不平等就有可能合乎差異原則。

有些人質疑原始地位中的訂約各方是不是會選擇差異原則。羅爾斯怎麼知道在無知之幕遮蔽下的人不會是賭徒？說不定他們願意放手一搏，建立一個高度不平等的社會，而期盼自己落在這麼一個社會的頂端？說不定有些人甚至會選擇封建社會，願意冒著淪為農奴的風險，而盼望自己有可能會是國王。

羅爾斯不認為人在選擇時會冒這樣的險。除非一個人知道自己是風險愛好者（但無知之幕使人無法得知自己是否擁有這樣的特質），否則不會在高賭注的情況下做出高風險的決定。不過，羅爾斯的差異原則論據不只完全奠基於人在原始立場中會傾向規避風險的假設之上。無知之幕的機制底下潛藏著一項可以不搭配思想實驗而獨立呈現的道德論點，其主旨是所得與機會的分配，不該奠基在就道德觀點而言具有任意性的因素上。

道德任意性的論點

為了呈現這個論點，羅爾斯比較了幾個不同的正義理論，由封建貴族制度開始。時至今日，已經沒有人會為封建貴族制度或種姓制度的正義性辯護。羅爾斯指出，這些制度之所以不公平，原因是其中對於所得、財富、機會與權力的分配，乃是基於出生背景這項偶然的因素。你如果生在貴族之家，就擁有生在農奴家中的孩子所無法享有的權利與權勢。不過，你出生在哪裡不是你自己造成的結果。所以，由這項任意性的事實決定你的人生前景也就是不公正的事情。

市場社會能夠補救這種任意性，至少在一定程度上是如此。市場社會把各種職業開放給擁有必要天賦的人士，並且提供法律前人人平等的條件。公民獲得平等基本自由的保障，所得與財富的分配則是由自由市場決定。這套制度——一個帶有形式機會平等的自由市場，呼應了自由放任主義的正義理論，與封建及種姓社會相比是一種改進，因為市場社會反對由出生背景決定的固定階級。在法律上，市場社會也允許所有人努力爭取和互相競爭。不過，在實務上，機會卻可能並不平等。

擁有健全家庭支持與良好教育的人，比起欠缺這些條件的人握有明顯可見的優勢。讓所

得比別人快的事實感到困擾，是不是必須強迫天賦過人的跑者穿上灌鉛的鞋子？有些平等主義的批評者認爲，如果不接受功績市場社會，唯一替代選項就是強加限制天賦出衆者的齊頭式平等。

平等主義的惡夢

美國作家馮內果（Kurt Vonnegut Jr.）的短篇故事〈哈里森．布吉朗〉（Harrison Bergeron）就以反烏托邦科幻故事的形式呈現了這種擔憂。「時間是二〇八一年，」故事的開頭是這麼寫的：「所有人終於都平等了……沒有人的頭腦比別人聰明，沒有人的長相比別人好看，沒有人的身體比別人強壯或是速度比別人快。」這種徹底的平等由美國障礙總署的幹員強制執行。智力高於平均的公民必須戴上學習障礙耳機，每隔二十秒，政府發報器就會發送刺耳的聲響，以免他們「利用自己的頭腦獲取不公平的優勢⑮」。

十四歲的哈里森．布吉朗擁有超乎尋常的智力、俊美的相貌以及出衆的才華，因此必須背負比大多數人更吃力的障礙。與其佩戴尋常的小耳機，「他必須戴上一副巨大的耳機，和一副配置了肥厚鏡片的眼鏡」。爲了掩飾他俊美的相貌，哈里森必須「在鼻頭戴上一個紅色橡膠球，眉毛也必須剃掉，並且爲他潔白整齊的牙齒裝上黑色牙套，而顯得有如缺牙般參差不齊」。此外，爲了抵銷他過人的力氣，他也必須在身上穿戴廢金屬。「在人生的競賽裡，哈里森拖著三百磅的重量⑯。」

有一天，哈里森英勇違抗這種平等主義的暴政，而卸下了他身上的障礙。我不會透露結局而破壞你閱讀的樂趣，說到這裡就可以清楚看出馮內果的故事如何鮮明呈現平等主義的正義理論經常遭到埋怨的原因。

不過，羅爾斯的正義理論不適用這項反對論點。他顯示了齊頭式平等不是功績市場社會的唯一替代選項。羅爾斯稱爲差異原則的替代選項矯正了才華與稟賦的不公平分配，而沒有阻礙富有才華的人。這是怎麼做到的呢？鼓勵天賦出衆者發展以及運用其才華，同時也理解那些才華在市場裡獲得的獎賞屬於整個社群所有。不要阻礙最優秀的跑者，讓他們盡情奔跑，發揮全力，只是事前要先承認其所贏得的獎賞不獨屬於他們，而是應該與缺乏類似天賦的人分享。

差異原則雖然不要求平等分配所得與財富，潛在觀念卻表達了一種強而有力，甚至具有啓發性的平等觀：

雪柔．霍普伍德（Cheryl Hopwood）並非出身於富裕家庭，她由單親媽媽撫養長大，一路半工半讀念完了高中、社區學院以及沙加緬度加州州立大學。接著，她搬到德州，申請就讀德州大學法學院。這是德州最好的法學院，也是全美頂尖的法學院之一。雖然霍普伍德的學業成績平均點數達三．八，在法學院入學考試當中也表現得不錯（得到第八十三百分位數），卻沒有被錄取①。

身為白人的霍普伍德，認為入學申請遭拒並不公平。有些被錄取的學生是大學成績與考試分數都比不上她的非裔與墨裔美國人，原因是那所學校施行「平權措施」（affirmative action，亦稱優惠性差別待遇），少數族群申請人擁有優先錄取權。實際上，成績與考試分數和霍普伍德相當的少數族群學生全都被學校錄取。

霍普伍德告上聯邦法院，主張自己是歧視受害者。德州大學答辯指出，法學院的使命之一即是增加德州法律職業的種族與族裔多元性，不只包括律師事務所，也包括州議會與法院。「公民社會的法律高度仰賴於社會接受其評判的意願，」法學院院長沙爾勒（Michael Sharlot）表示：「要促成這一點，就必須讓所有群體的成員都能在執行司法的工作中扮演角色②。」德州的人口有四〇%是非裔與墨裔美國人，但在法律職業當中的比例卻遠低於此。在霍普伍德申請入學的時候，德州大學法學院奉行平權措施政策招生政策，目標是錄取學生中要有一五%左右爲少數族群人士③。

爲了達成這個目標，德州大學爲少數族群申請人設定了較低的錄取標準。不過，校方人員指稱這些少數族群學生全都具備從事法律工作的資格，也幾乎全都順利從法學院畢業且通過律師考試。不過，這些說詞並不足以慰藉霍普伍德，因爲她認爲自己遭到了不公平的對待，她應該要得到入學許可。

霍普伍德對於平權措施提出的質疑，並不是第一件告上法院的案子，也不是最後一件。三十多年來，法院一再面對了平權措施在道德與法律方面帶來的棘手問題。一九七八年，在工程師巴基（Allan P. Bakke）申請進入戴維斯加州大學醫學院就讀遭拒，而對該校提起訴訟，美國最高法院以些微差距維持了該校的平權措施招生政策④。二〇〇三年，在一件涉及密西根大學法學院的案件裡，最高法院也是在持正反意見的法官人數極爲接近的情況下，判決學校的招生程序可以將種族納入考量因素當中⑤。另一方面，加州、華盛頓州與密西根州的選民則是在不久之前提案，禁止在公共教育和就業中施行種族偏袒措施。

對法院來說，問題的重點在於採取平權措施的雇用與招生政策，是否違反了美國憲法保障所有人皆可獲得法律平等的保護。不過，我們暫且將憲法的問題擺在一旁，而直接聚焦其中的道德問題：在雇用員工或者大學招生的程序中納入對於種族與族裔因素的考量，是不是不公正的做法？

若要回答這個問題，先來看看平權措施支持者對於為何應該將種族與族裔因素納入考量提出的三個理由：矯正標準化測驗當中的偏見、彌補過往的錯誤，以及促進多元化。

矯正測驗落差

把種族與族裔納入考量的理由之一，是為了矯正標準化測驗裡可能存在的偏見。學業性向測驗以及其他類似的測驗，是否能夠預測一個人在學業與職業上的成功，長久以來一直備受爭議。一九五一年，一位申請人向波士頓大學宗教學院博士學程提交了頗為平庸的研究生入學考試成績，那位年輕人是馬丁·路德·金恩，後來成為美國歷史上的偉大演說家之一，在言語能力方面的成績卻低於平均值⑥。還好，他依然被學校錄取。

有些研究顯示，黑人與拉丁裔學生在標準化測驗的成績，整體而言低於白人學生，就算針對經濟階級進行了調整之後也還是一樣。不過，不論造成這種測驗落差的原因為何，要利用標準化測驗預測學業上的成功，解讀測驗分數時就必須把學生的家庭、社會、文化與教育背景納入考量。同樣是在學業性向測驗當中考了七百分，這個分數對於一名在南布朗克斯區（South Bronx）就讀貧窮公立學校的學生而言，意義上比曼哈頓上東區菁英私立學校的畢業生來說要大得多。不過，從學生的種族、族裔與經濟背景評估測驗分數，不是表示學院與大學不該錄取學業前景最看好的學生，這麼做只是試圖要對每一個人的學業前景找出最精確的衡量標準。

平權措施眞正的辯論重點在於另外兩項理由——彌補論點與多元性論點。

彌補過往的錯誤

彌補論點把平權措施視爲補救過往錯誤的方法。這種論點認爲少數族群學生應該受到偏袒，以便彌補過去那段導致他們落入不公平劣勢的歧視歷史。這項論點將少數族群獲得學校錄取視爲提供給申請人的利益，而試圖以特定方式分配這項利益，以便彌補過往的不正義以及那段歷史遺留下來的影響。

不過，彌補論點不免遭遇一項棘手的挑戰：批評者指出，受惠者不必然是過往歷史的受害者，而付出彌補代價的人也極少是必須為那些錯誤負起責任的人。平權措施的許多受惠者都是中產階級的少數族群學生，他們沒有面臨過出身貧窮內城區的非裔與拉丁裔年輕人經歷的艱苦遭遇。為什麼來自富裕的休士頓市郊的非裔美國人學生應該享有勝過雪柔・霍普伍德的優勢？畢竟，她面對的經濟掙扎可能還更辛苦。

批評者指出，如果重點是要幫助弱勢者，那麼平權措施應該奠基在階級，而不是種族上。此外，如果種族偏袒的用意在於彌補奴役與種族隔離的歷史不正義，那麼由霍普伍德這樣的人被迫去彌補那些過錯的代價，怎麼算得上是公平？又不是她造成那樣的不正義。

平權措施的彌補論據能否駁回此一反對論點，取決於集體責任這項困難的概念：我們有沒有可能必須為先前世代犯下的錯誤，負起加以矯正的道德責任？要回答這個問題之前，必須先釐清道德義務的由來。我們只會以個人的身分負起義務，或是有些義務會針對具有歷史身分的社群而強加於其中的成員身上？我們稍後將會談到這個問題，在此暫且按下不表，把焦點轉向多元性論點。

促進多元性

平權措施的多元性論點，並不取決於集體責任這種具有爭議性的概念，也不需要證明在入學審查程序中，獲得偏袒的少數族群學生本身曾經遭受歧視或劣勢情境所苦。這項論點不是把獲得學校錄取視爲對於申請人的獎賞，而是當成一種手段，用於追求具有社會價值的目標。

多元性論點是一項標榜共善的主張，包括學校本身的共善以及整個社會的共善。第一，這項論點主張涵蓋多元種族的學生群體是一件好事，這樣可讓學生從彼此身上學習，這是他們在所有人都來自類似背景的情況下無法得到的學習機會。如果學校的學生全部都來自國內的一個地區，其智識與文化觀點不免較爲有限，因此如果學生全都出自類似的種族、族裔或階級背景，也會導致一樣的狀況。第二，多元性論點主張賦予弱勢的少數族群在關鍵的公共與職業角色中，承擔領導地位的能力，可以促進大學的公民目的，並且對共善所有貢獻。

多元性論點是學院與大學最常提出的主張。德州大學法學院的院長面對霍普伍德的質疑，就指出該校的平權措施政策所追求的目標。德州大學法學院的部分使命即是在於協助增加德州法律職業的多元性，以及促使非裔與拉丁裔美國人在政府與法律界當中扮演領袖的角色。他說，從這個標準來看，該校的平權措施方案確實相當成功：「我們看見本校的少數族群畢業生成爲民選官員，在知名律師事務所內工作，成爲德州議會以及聯邦法官的成員。如果德州有擔任重要官職的少數族群人士，通常都是本校的畢業生⑦。」

當美國最高法院審理巴基案的時候，哈佛學院提出一份法庭之友摘要，以教育理由爲平權措施辯護⑧。這份摘要指出，成績與測驗分數從來都不是入學審查的唯一標準。「如果學業上的傑出表現是唯一或甚至主要的標準，那麼哈佛學院必定會損失一大部分的活力與智識優異性……本校提供的教育體驗的品質也將會下降。」過去，多元性指的是「學生來自加州、紐約州與麻州；都市居民與農家子弟；小提琴家、畫家與足球員；生物學家、史學家與古典學者；未來的股票經紀人、學者以及政治人物。」現在，這所學校也關注種族與族裔多元化。

來自愛達荷州的農家子弟，能夠為哈佛學院帶來出身波士頓的學生所無法提供的東西。同樣的，通常黑人學生也能帶來白人學生無法提供的東西。哈佛學院全體學生的教育體驗品質，有一部分即是取決於學生在背景與觀點上的這些不同⑨。

多元性論點的批評者提出兩種反對論點：一是實務性，二是原則性。實務性的反對論點質疑平權措施政策的有效性，主張採用種族偏袒的做法不會造成比較多元化的社會，或者減少偏見與不平等的現象，反倒會破壞少數族群學生的自尊、導致各方的種族意識更為強烈、加劇種族之間的緊張關係，並且引發白人族裔群體的不滿，因為他們覺得自己也應該要有獲得幸運之神眷顧的機會。實務性的反對論點不是主張平權措施不公正，而是認為這種做法不太可能達成目標，反倒可能弊大於利。

種族偏袒是否侵犯了權利？

原則性的反對論點主張，不論促成更加多元化的教室以及更平等的社會等目標是多麼有價值，也不論平權措施政策在達成這類目標的成效上有多好，在入學審查程序中考量種族或族裔的要素就是一種不公平的做法。理由是這麼做侵犯了像雪柔·霍普伍德這類申請人的權利。他們明明沒有做錯任何事，卻無緣無故落入了競爭劣勢當中。

對於功利主義者而言，這項反對論點不會有太大的效果。在他們眼中，平權措施的論據

定了學校的使命。德沃金對於大學入學審查程序的正義性所提出的論述，與羅爾斯在所得分配的正義方面所提出的論述相同——這不是一項道德應得的議題。

種族隔離與反猶太配額

如此一來，是否大專院校可以隨自己高興而任意定義本身的使命，而且只要是合乎其使命的入學政策就算公平？如果是這樣，不久之前出現在美國南方的種族隔離校園該怎麼說呢？實際上，德州大學法學院也曾經深陷先前一項憲政爭議的風暴。一九四六年，在這所學校仍然實施種族隔離時，曾以該校不收黑人學生爲由拒絕斯韋特（Heman Marion Sweatt）入學。他的異議成爲美國最高法院審理案件的里程碑：斯韋特訴佩因特案（*Sweatt v. Painter*，一九五〇），對高等教育的種族隔離帶來了一記痛擊。

不過，如果檢驗入學政策公平性的唯一標準是有沒有合乎學校的使命，那麼德州法學院當時提出的說法有何不對？該校的使命是爲德州的律師事務所訓練律師，學校指出既然德州的律師事務所不雇用黑人，因此錄取黑人學生也就無助於實現該校的使命。

也許有人會主張，由於德州大學法學院是公立機構，因此在挑選使命上受到的限制比私立大學來得大。在針對高等教育的平權措施提出的憲政挑戰當中，知名案例確實都涉及州立大學：戴維斯加州大學（Bakke，巴基案）、德州大學（Hopwood，霍普伍德）以及密西根大學（Grutter，格魯特案）。不過，我們想要確認的是在入學審查程序中考量種族因素是否合乎正義，而不是合不合法，所以公立與私立大學的差異也就不具決定性。

私立協會與公立機構都可以因為違反正義而受到批評。回想當初美國南方實施種族隔離時，在便餐館靜坐抗議種族歧視的活動。這些便餐館都屬於私人經營，但他們採取的種族歧視做法一樣違反正義（實際上，一九六四年的「民權法案」就把這種歧視行為列為非法）。

或者，想想在一九二〇與三〇年代，有些常春藤盟校正式或非正式採用的反猶太配額做法，那樣的配額是否因為那些大學是私立學校而非公立學校，就具有道德上的可辯護性？一九二二年，哈佛大學校長洛威爾（A. Lawrence Lowell）提議為猶太學生設定一二％的限額，理由是為了降低反猶太情緒。「學生之間的反猶太情緒逐漸高漲，」他說：「而且成長的幅度與猶太學生的人數增加成正比[12]。」在一九三〇年代，達特茅斯學院的招生主任寫信給一名抱怨校園裡猶太人愈來愈多的校友。「我很高興收到您對於猶太人問題的評論，」那名主任寫道：「如果一九三八年入學班的猶太學生人數超過五％或六％，我將會難過得說不出話來。」一九四五年，達特茅斯學院的校長為限制猶太學生入學人數所提出的辯護，就是

這個做法確實奏效，這個社區廣受歡迎，許多家庭都想要搬進去，於是小星城擬定了一份等待名單。由於配額制度的關係，非裔美國人分配的公寓數比白人少，因此黑人家庭的等待時間也就比白人家庭還長。到了一九八〇年代中期，白人家庭平均等待三到四個月，黑人家庭的等待時間則長達兩年。

因此，這是一套偏袒白人申請人的配額制度，其基礎不是種族歧視，而是爲了維持一座種族融合的社區。有些黑人申請人認爲這項以種族爲考量的政策不公平，於是提出了歧視告訴。在其他情境中偏好平權措施的美國有色人種協進會代表原告出庭。最後雙方達成和解，讓小星城保有其配額制度，但要求州政府必須增加少數族群入住其他公共住宅的機會。

小星城以種族爲考量的公寓分配做法是否不正義？不會，你如果接受平權措施的多元性論點就不會。種族與族裔多元性在公共住宅以及大專教室各有不同的達成方式，而且其中涉及的財貨也各自不同。不過，從公平的觀點來看，這兩種案例則是相同。多元性如果有助於共善，而且沒有人因爲仇恨或蔑視而遭到歧視，那麼種族偏袒就沒有侵害任何人的權利。爲什麼沒有？因爲依據羅爾斯針對道德應得提出的論點，沒有人應當因爲自己受到獨立定義的功績，而得以入住一間公寓或者獲得大學錄取入學。唯有在住宅管理當局或者大專校方界定了自己的使命之後，何謂申請人的功績才可以受到決定。

正義能否與道德應得脫鉤？

雖然捨棄道德應得爲分配正義的基礎頗具道德吸引力，卻也令人感到不安。之所以吸引人，是因爲這麼做能夠推翻功績社會裡常見的那種自鳴得意的假設，認爲成功是最高的德行，而富人之所以富有就是因爲他們比窮人更應該獲得財富。如同羅爾斯提醒我們的：「沒有人應當擁有優於別人的先天能力，或是在社會中獲得比較好的起跑點。」我們的社會恰好重視我們擁有的長處，也不是我們造成的結果，這種現象只是展現了我們的幸運，不是我們的德行。

不過，把正義與道德應得區分開來而令人感到不安，並沒有那麼容易描述。認爲工作與機會是給予應得的人的獎賞，是一種根深蒂固的信念，也許在美國又比其他社會更加明顯。政治人物一再宣稱「努力工作且遵守規則」的人應當獲得成功，並且鼓勵實現了美國夢的人把自己的成功視爲反映了自己的德行。懷有這種信念頂多算是一件好壞參半的事情，因爲其持續存在是對於社會團結的障礙。我們愈把成功視爲自己造就的結果，就愈不會覺得自己對於落後的人負有責任。

這項揮之不去的信念——認爲成功應該被視爲德行的獎賞，也許純粹是個錯誤，是一

錄取者惠鑒：

本校欣然接受您的入學申請。由於您恰巧擁有社會當下需要的特質，因此我們希望藉著讓您修習法律，而利用您的資產裨益社會。

您值得恭賀，但不是因為您擁有獲得錄取所需的特質而值得被讚許，而只是像樂透獎的得主得到的恭賀一樣。您很幸運，能夠在適當的時刻擁有適當的特質。如果您選擇就讀本校，將會獲得被利用所能夠得到的各種利益。就這一點而言，您可以適當慶祝自己的成就。

您，或者更有可能是您的父母，也許會想要更進一步慶祝，認為入學通知反映了您的過人之處，就算不是您的先天稟賦，至少也是您為了培養自身能力而做出的勤奮努力。不過，就算您認為自己應當擁有那些努力所需的優越性格，也是有問題的，因為您的性格乃是取決於各種幸運的情境，您不能把功勞歸在自己身上，此處並不適用應得的概念。

儘管如此，我們還是期待在秋季與您會面。

即頌
文祺

也許這樣的信函能夠減輕未錄取者感受的痛楚，並且壓制受錄取者的得意氣燄。既然如此，大專院校會什麼還是持續寄發充滿恭賀與表彰言詞的信函呢（而且申請人也預期收到這樣的信函）？也許是因爲大專院校仍然無法完全捨棄這項觀念——認爲自己的角色不僅是追求特定目標，也在於表彰以及獎賞特定的德行。

何不拍賣大學入學資格？

由此進入下一個議題，亦即大專院校是否能夠恣意界定自己的使命。我們暫且把族裔與種族偏好擱在一旁，而來考慮另一項平權措施爭議——對於「傳承性偏好」的辯論。許多大專院校的校友子女都有入學的優勢，理由之一是希望藉此建立社群與學校的精神，另一個理由則是希望心懷感激的校友父母能夠爲母校慷慨提供財務支持。

爲了將財務理由獨立出來，且讓我們想想大學所謂的「發展性錄取」，這類申請人不是校友的子女，可是有富裕的父母，能夠爲學校提供高額的財務貢獻。就算這類學生的成績與考試分數沒有達到標準，許多大學也還是會錄取他們。我們可以把這種概念推到極致，想像一所大學決定將一〇％的新鮮人錄取名額拍賣給出價最高的人士。

這麼一套入學制度是否公平？你如果認爲個人的功績單純是指能夠以某種方式對大學的使命有所貢獻，這個問題的答案可能就是肯定的。無論大學立校的使命是什麼，都需要錢才

於——傳達美好的樂音。

長笛的目的就是要產生美妙的音樂，最能實現這項目的的人就應該擁有最好的長笛。當然，把最好的樂器交給最傑出的音樂家，也會產生最美妙的音樂廣受歡迎的效果，所有人都可以樂在其中，因而造就了最大多數人的最大幸福。不過，必須注意的是，亞里斯多德的理由超越了功利主義考量之上。

他從財貨的目的推理出該項財貨的適當配置方式，就是目的論推理的例子。亞里斯多德指出，要決定一件財貨的公正分配，就必須探究受到分配的財貨所帶有的目的。

目的論思考：網球場與小熊維尼

也許目的論（Teleological）推理看起來像是一種思考正義的奇怪方法，不過確實具有某種可信度。假設你必須分配大專校園裡最好的網球場的使用權，也許會優先考慮能夠支付最高價錢的人，做法是提高定價。或者，你也可能優先考慮校園裡的大人物，例如學院院長，或者得過諾貝爾獎的科學家。不過，假設兩位知名科學家打著一場心不在焉的網球，連打過網都很勉強，此時網球校隊剛好過來想使用球場。你難道不會認為那兩位科學家應該改用另一個等級較低的球場，好讓校隊球員使用最好的球場？而且，難道你的理由不是傑出的網球員最能充分利用最好的球場？把最好的球場交給平庸的球員只是一種浪費？

或者，假設拍賣會出現一把史特拉底瓦里（Stradivarius）的小提琴，一名富有的收藏家開價高過傑出的小提琴家帕爾曼（Itzhak Perlman），因而得以買下這把琴。收藏家想要在自家客廳展示把這把琴，這難道不是一種損失，甚至可能算是一種不正義？不是因為我們認為拍賣不公平，而是這樣的結果並不恰當？這種反應背後也許潛藏著一種目的論想法，認為史特拉底瓦里琴就是應該傳遞美好的音樂，而不該只是放著展示。

在古代，目的論思考比今天還要普及。柏拉圖與亞里斯多德都認為火之所以向上燃燒，原因是火想要朝著天空而去，因為火原本的故鄉是天空；而石頭之所以往下落，原因是石頭想要更接近地面，因為地面是石頭的歸屬。當時的人認為自然界具有一套有意義的秩序。若要理解自然界以及我們在其中的地位，就必須了解自然界的目的，自然界的本質意義。

在現代科學興起之後，自然界就不再被視為擁有一套有意義的秩序。我們開始以機械性的觀點看待自然界，認為自然界受到物理定律支配。從目的、意義與目標的角度解釋自然現象，在當今被視為是一種天真且擬人化的做法。不過，儘管有這樣的改變，我們仍忍不住想把世界視為是目的性的安排，是個帶有目的的整體。

孩童依然會有這種想法，必須經過教育才會擺脫這種看待世界的方式。我在孩子很小的時候注意到了這一點，當時我讀米恩（A. A. Milne）創作的《小熊維尼》給他們聽，書中的故事呈現了一種兒童般的觀點，自然界充滿魔法，受到意義與目的所驅使。

在故事一開頭，小熊維尼走在森林裡，來到高大的橡樹前面，樹頂上「傳來一陣響亮的嗡嗡聲」。

小熊維尼在樹下坐了下來，把頭夾在腳掌之間，開始思考了起來。

他首先對自己說：「那陣嗡嗡聲一定代表了什麼意思。聽到這樣的嗡嗡聲，一直持續不停，絕對不可能完全沒有意思。如果出現嗡嗡聲，就一定是有人發出嗡嗡聲。就我所知，發出嗡嗡聲的唯一理由就是因為你是蜜蜂。」

接著，他又想了很長一段時間，然後說：「就我所知，身為蜜蜂的唯一理由就是為了製造蜂蜜。」

然後他站了起來，說：「製造蜂蜜的唯一理由，就是為了給我吃。」於是，他開始爬上那棵樹④。

這段維尼對於蜜蜂猶如兒童般的思考推論，即是目的論推理的絕佳例子。等到我們長大成人之後，大多數人都會擺脫這種看待自然界的方式，而把這種觀點視爲一種迷人但過時的想法。此外，在科學中捨棄了目的論思考之後，我們也傾向在政治與道德當中揚棄這種思考方式。不過，在思考社會制度與政治慣例中，卻不容易拋除目的論推理。現今不會有科學家認眞看待亞里斯多德撰寫的生物學或物理學相關著作，但直到今天，倫理學與政治學的學生仍然持續閱讀和思考亞里斯多德的道德與政治哲學。

大學的目的是什麼？

關於平權措施的辯論，可以用呼應亞里斯多德的長笛論述的方式來重新看待。首先從找尋分配的公正標準著手：誰應該被錄取？在回答這個問題的過程中，我們發現自己是在問（至少是在沒有明言的情況下）：「大學的目的是什麼？」

一如常見的狀況，大學的目的並非明顯可見，但值得討論。有些人說，大學的存在目的是爲了提升學術品質，因此學業前景應該是錄取學生的唯一標準。另外，有些人認爲大學也是爲了促進某些社會目的而存在，因此錄取標準應該包含若干相關特質，例如在多元社會裡成爲領袖的能力。釐清大學的目的似乎是決定適當錄取標準的必要元素。這點凸顯了大學招生正義當中的目的論面向。

與大學目的的辯論密切相關的另一個議題是「榮譽」：大學究竟應當表彰和獎賞何種德行或卓越表現？如果認爲大學純粹只爲了表彰與獎賞學術成就卓越的人士，可能會反對平權措施。如果認爲大學的目的在於促進某些公民理想，可能會欣然接納平權措施。

關於大學的爭論，以及啦啦隊員與長笛的爭論，自然而然會以這種方式進展，也證明了亞里斯多德的重點：關於正義與權利的爭論，經常是關於社會制度的目的的爭論，針對目的的爭論又反映出，我們對此制度應該表彰和獎賞哪些德行所抱持的不同概念。

如果人們對活動的終極目標或目的懷有歧見，又該怎麼辦？是否可能推理出這項社會制度的目的，或者一所大學的目的純粹是以校方或理事會的宣告爲準？

亞里斯多德認爲，我們有可能推論出社會制度的目的。社會制度不可或缺的本質並非全然固定不變，也不純粹是個人意見的問題（如果哈佛學院的目的純粹由創辦人的意圖而決定，學校至今的主要目的仍然是訓練公理會牧師）。

我們如何在面對歧見時，推理社會慣例的目的？榮譽和德行的概念又如何涉入其中？在政治的討論中，亞里斯多德對這些問題提出了最歷久不衰的解答。

政治的目的是什麼？

在當今這個時代，一旦討論起分配正義，關注的主要是所得、財富與機會的分配。對於亞里斯多德而言，分配正義的重點不在於金錢，而是在於公職與榮譽。誰該擁有統治的權利？政治權威該怎麼分配？

乍看之下，這個問題的答案似乎明白可見——當然是公平分配，一人一票。任何其他分配方式都不免有歧視之嫌。不過，亞里斯多德提醒我們，所有分配正義的理論皆需區別看待。問題是：哪些差別對待是公正的？答案取決於受到討論的活動所帶有的目的。

所以，在我們主張如何分配政治權利與權威之前，必須先探究政治的目的。我們必須問：「政治結社的目的是什麼？」

也許這個問題難以回答。不同的政治社群各自關注不同事物。爭論一把長笛或一所大學的目的是一回事，儘管這種問題的邊緣存在著意見分歧的空間，但長笛或大學的目的多少受限於一定的範圍內。長笛的目的和製造音樂有關，大學的目的則與教育有關。不過，我們眞的能夠決定政治活動的目的嗎？

現在，我們不認爲政治擁有特定的具體目標，而是開放給可能擁護的各種不同目標的公民。這不正是我們舉行選舉的原因嗎？讓人民在特定時刻選擇他們集體想要追求的目的與目標？事先對政治社群指定某種目的或目標，似乎是搶占了公民爲自己做決定的權利。此外，這麼做也會將不是衆人一致同意的價值觀，強加在所有人身上的風險。我們不願爲政治賦予一個確切目的，反映了我們對於個人自由的關注。我們認爲政治是一種程序，可讓人選擇自己想要追求的目標。

亞里斯多德不這麼認爲。在他眼中，政治的目的不是建立一套在各種目的之間保持中立的權利框架，而是在於培養良善的公民以及養成良好的人格。

> 任何一座名副符其實的城邦，都必須致力於鼓勵善性的目的。否則，政治結社就會淪為單純的聯盟……法律也只會成為單純的契約……「僅在於擔保人與人之間互相的權利」，而不是如其應有的狀況那樣，成為一套能夠促使城邦的成員善良公正的生活規則⑤。

亞里斯多德批評他眼中的兩大政治權威——寡頭主義者與民主主義者。他指出，兩者皆有主張權，但卻只有部分的主張權。寡頭主義者堅稱應該由這些富人遂行統治，民主主義者則堅稱生爲自由人應是公民身分與政治權威的唯一標準。不過，這兩群人都誇大了他們的主張權，因爲他們雙方都誤解了政治社群的目的。

寡頭主義者的錯誤是，政治社群的目的不僅在於保護財產或促進經濟繁榮。如果只是這樣，財產業主就應該擁有最大份額的政治權威。民主主義者的錯誤之處，則是因爲政治社群的目的不是只讓多數人爲所欲爲。亞里斯多德所謂的民主主義者是指我們所稱的多數主義者，他反對政治目的是滿足多數人偏好的概念。

在亞里斯多德眼中，這兩群人都忽略了政治結社的最高目的，即是培養公民的德行。國家的目的不是「提供互相防禦的聯盟……或者簡化經濟交易以及促進經濟交流⑥」。在亞里斯多德看來，政治的目的爲更崇高的事物，學習如何過美好人生。政治的目的乃是促使人能夠發展自己獨特的人類能力與德行——讓人思索共善、獲取實務判斷力、參與自治、關懷社群整體的命運。

亞里斯多德承認其他次要形式的結社的作用，例如防禦條約與自由貿易協定。不過，他堅稱這類結社算不上是眞正的政治社群。爲什麼？因爲這類結社的目的有限。像北大西洋公約組織、北美自由貿易協定，以及世界貿易組織等都只關注安全或經濟交流，而沒有構成一種形塑參與者人格的共同生活方式。如果一座城市或國家只關注安全與貿易，而不在乎其成員的道德與公民教育，也算不上是眞正的政治社群。亞里斯多德寫道：「如果其交流的精神在結合起來之後，仍然與先前分開生活時相同，」那麼這樣的結社就不能眞正視爲城邦或者政治社群⑦。

「城邦不是居住在同一個地點的結社，也不是爲了預防相互不正義和簡化交易。」這些雖是城邦的必要條件，卻不是充分條件。「城邦的目的是美好人生，社會生活的制度則是達成此一目標的手段⑧。」

如果政治社群的存在是爲了促進美好人生，對於公職與榮譽的分配會造成什麼影響？如同長笛的例子，政治也是一樣：亞里斯多德從財貨的目的推理其適當的分配方式。「對於這種性質的結社貢獻最大的人士」就是在公民德行中出類拔萃、最善於思索共善的人。應當獲得最大份額的政治認可與影響力的人士，就是擁有最高公民卓越性的人士，而不是最富有、人數最多，或者相貌最英俊的人士⑨。

政治的目的既然是美好人生，因此最高的公職與榮譽就應該歸於像雅典傑出政治家伯里克利（Pericles）這樣的人，不但擁有最高的公民德行，也最善於辨識共善。財產業主應該有發言的機會，多數主義的考量也應該有其重要性，但擁有特定人格與判斷力，而能夠決定是否該與斯巴達開戰，以及何時開戰、如何開戰的人，才應該獲得最大的影響力。

像伯里克利（以及林肯）這樣的人之所以應該獲得最高的公職與榮譽，不只是因爲他們會實施明智的政策而讓所有人的生活都過得更好，也是因爲政治社群存在的目的至少有一部分在於表彰和獎賞公民德行。肯定這些展現公民卓越性的人，有助於實現美好城市的教育角色。在這一點上，我們再次看見了正義的目的論與榮譽性面向如何相輔相成。

不參與政治的人，有可能是好人嗎？

亞里斯多德主張政治的目的是美好人生。如果他說的沒錯，就很容易能夠得出這項結論：誰展現了最高的公民德行，就應當獲得最高的公職與榮譽。不過，政治是爲了美好人生而存在的觀點，究竟對不對？只能說這項主張頗具爭議性。現在，我們通常把政治視爲必要之惡，而不是美好人生不可或缺的特徵。我們一旦想到政治，就想到妥協、裝模作樣、特殊利益、貪腐。即便是運用政治理想性的方法——把政治當成追求社會正義的工具，當成促使世界更美好的方式，也只是把政治視爲追求某個目標的手段，只是衆多志業當中的一種，而不是人類共善不可或缺的面向。

既然如此，爲什麼亞里斯多德認爲，參與政治是美好人生當中不可或缺的要素？我們爲什麼不能在沒有政治的情況下，過著全然美好而有德的人生？

答案在於我們的本性。只有藉著生活在城邦裡且參與政治，才能充分實現自己身爲人的本性。亞里斯多德認爲人們「乃是爲了政治結社而存在，程度比蜜蜂或其他群居動物都來得高」。他的理由是：大自然創造一切自有其用處，而人類和其他動物的不同之處，就在於人類被賦予了語言能力。其他動物可以發出聲音，而聲音能夠表示快樂與痛苦。不過，人類獨有的語言能力不僅能夠表達快樂與痛苦，而且能夠宣告事物的公正與不公正，也能夠區辨是非對錯。我們不是默默理解這些事物之後，才用言語表達出來；語言就是我們辨別以及思索善的媒介[10]。

亞里斯多德主張，只有在政治結社裡才能夠運用人類獨有的語言能力，因爲只有在城邦裡，才會與別人討論正義與不正義及美好人生的本質。他在《政治學》第一卷裡寫道「我們因此看出城邦因其本質而存在，而且優先於個人[11]」。他所謂的優先是在功能或目的上居於優先地位，而不是時序上的優先。個人、家庭與宗族都比城市更早存在，但只有在城邦裡才能夠實現人類的本性。我們在分離孤立的情況下無法自給自足，因爲我們還沒有辦法發展語言與道德思慮的能力。

孤立的人——無法分享政治結社的效益，或者因為自己早已自給自足而沒有必要分享這種效益——不是城邦的一員，因此必定不是野獸就是神明[12]。

因此，我們唯有運用自己的語言能力，才能夠實現自身的本性，因爲運用語言能力要求我們和別人討論對與錯、善與惡、正義與不正義。

不過，你也許會納悶，爲什麼只有在政治中才能夠運用這種語言與思慮的能力？爲什麼不能在家庭、宗族或社團裡運用這種能力？要回答這個問題，必須先考慮亞里斯多德在《尼各馬可倫理學》當中針對德行與美好人生提出的論述，雖然這部著作以探討道德哲學爲主，卻說明了獲取德行如何與身爲公民密不可分。

道德人生以幸福爲目標，但亞里斯多德所謂的幸福，不是功利主義者認爲的追求最大快樂與最小痛苦的幸福。有德之人即是能夠在正確的事物中獲取快樂與痛苦的人。舉例而言，如果有人因爲觀看鬥狗而獲得快樂，這就是一種必須克服的缺陷，而不是眞正的幸福來源。道德卓越不在於累積快樂與痛苦，而是在於加以校準，好讓我們能以崇高的事物爲樂，並以卑劣的事物爲苦。幸福不是一種心理狀態，而是一種存在方式，「是依循德行的一種靈魂活動[13]」。

不過，爲什麼必須生活在城邦裡才能過著有德的生活？爲什麼不能在家裡、在哲學課堂上，或者藉著閱讀倫理學書籍而學習健全的道德原則，然後再依據需求加以應用？亞里斯多德指出，我們不是以這種方式獲致德行。「道德德行是習慣造成的結果。」這是一種藉由實踐而學習的東西。「我們必須先行使德行，才能獲得德行，就像藝術一樣⑭。」

藉由實踐而學習

就這方面而言，培養德行就像是學習吹長笛。沒有人能夠藉著看書或者聽課而學會演奏一件樂器。你必須練習。此外，聽從傑出演奏家的建議以及聆聽演奏也有幫助。你如果不拉琴，就不可能成爲小提琴家。道德德行也是如此：「我們藉著從事公正的行爲而成爲公正的人，藉著從事有所節制的行爲，而成爲有所節制的人，藉著從事英勇的行爲，而成爲英勇的人⑮。」

其他行爲與技能也是如此，例如烹飪。市面上有許多食譜，卻沒有人能夠只藉著閱讀食譜而成爲傑出的廚師，必須要多做菜才能進步。說笑話是另一個例子。你不會藉著閱讀笑話書籍，或蒐集好笑的故事而成爲喜劇演員。你也不可能單純學習喜劇的原則，必須練習喜劇的步調、時間拿捏、手勢以及語調，並且觀看傑克・班尼、強尼・卡森、艾迪・墨菲或羅賓・威廉斯等喜劇名家的表演。

如果道德德行必須藉著實踐而學習，我們就必須培養正確的習慣。在亞里斯多德眼中，這就是法律的主要目的——培養能夠養成良好人格的習慣。「立法者藉著培養公民的習慣，而使其成爲良善的人，這是每一位立法者的期盼，若是沒有造成這樣的效果，就是沒有達成目的，也就是政治制度的好壞之別。」道德教育的重點不在於頒布規定，而是在於培養習慣以及形塑人格。「我們從小培養出什麼樣的習慣……造成的差別一點都不小；其實這樣的差別非常大，甚至可以說一切的差別都源自於此[16]。」

雖然亞里斯多德強調習慣，卻不表示他認爲道德德行是一種死記硬背的行爲。習慣是道德教育的第一步，如果一切進展順利，終於確立了習慣，我們就會看出這麼做的重點何在。禮儀專欄作家茱蒂絲・馬丁（Judith Martin，又稱爲禮儀小姐）曾經感嘆現代人已經失去了撰寫感謝信函的習慣。她觀察指出，我們現在認爲禮儀比不上內心感受；只要你懷有感激之心，就不需要這種禮節上的俗套。禮儀小姐並不同意：「相反的，我認爲比較安全的做法是，希望從事適當的行爲後能激發德行高尚的感受；如果你撰寫夠多的感謝信函之後，也許確實會感受到些微的感激[17]。」

這就是亞里斯多德對於道德德行的想法。沉浸在有德的行爲當中，有助於我們展現有德

是不一樣的事情。要精通思慮就必須親自上場，衡量各種選項，爲自己的主張辯護，遂行治理以及接受治理——簡言之，就是身爲公民。

亞里斯多德對於公民身分的觀點，遠比我們眼中的公民身分還要崇高且嚴格。對他而言，政治不是以其他手段從事的經濟學。政治的目的高於追求效用最大化，或爲追求個人利益而提供公平的規則。政治是本性的表達，是讓我們發展人類能力的機會，是美好人生不可或缺的面向。

亞里斯多德對於奴隸制度的辯護

有些人並不包含在亞里斯多德頌揚的公民當中，女性沒有資格成爲公民，奴隸也是。根據亞里斯多德的說法，女性與奴隸的本性不適合成爲公民。現在，我們認爲這種排除特定對象的做法是明白可見的不正義。值得記住的是，這種不正義的現象在亞里斯多德寫下其著作之後仍然存續超過兩千年之久。美國直到一八六五年才廢止奴隸制度，女性更是直到一九二〇年才獲得投票權。儘管如此，這些現象不表示，亞里斯多德接受這樣的不正義可以不必受到譴責。

就奴隸制度而言，亞里斯多德不只接受，還為其提供了哲學上的辯護，值得我們花點時間來檢視，看看能否理解其政治理論。有些人認為亞里斯多德支持奴隸制度的論點呈現了目的論思考的缺陷；有些人則認為那是這種思考的錯誤應用，受到他那個時代的偏見所蒙蔽。

我不認為亞里斯多德為奴隸制度的辯護，足以推翻他的整套政治理論，不過我們必須看出那項徹底的主張所具有的力量。

在亞里斯多德眼中，正義是合適的問題。分配權利就是找尋社會制度的目的，以及把人和合適的角色配對在一起，也就是讓他們實現自身本性的角色。給予人應得的東西，就是賦予他們應得的公職與榮譽，以及合乎其本性的社會角色。

現代政治理論對於合適的概念感到不安。從康德到羅爾斯的自由主義正義理論，都擔憂目的論概念與自由的概念不符。在這些理論的認知裡，正義的重點不在於合適，而是在於選擇。分配權利不是把人和合乎本性的角色配對在一起，而是讓人選擇自己的角色。

從這個觀點來看，目的與合適的概念就顯得頗為可疑，甚至危險。誰能說什麼樣的角色適合我，或是適合我的本性？我如果不能自由選擇自己的社會角色，就有可能被迫接受我不想扮演的角色。所以，合適的概念很可能淪為奴役，只要掌權者認定特定群體適合扮演從屬角色，就會造成這樣的後果。

在此一擔憂的驅使下，自由主義政治理論因此主張社會角色的分配方式應該是選擇，而不是合適。與其把人和我們認爲適合其本性的角色配對，應該讓人自行選擇角色。在這種觀點當中，奴役之所以是錯誤的，原因是奴役是迫使人扮演不是自己選擇的角色。解決方法就是揚棄目的與合適的道德體系，改採選擇與同意的道德體系。

不過，這個結論下得太快了。亞里斯多德對於奴隸制度的辯護，不是反對目的論思考的證據。相反的，亞里斯多德本身的正義理論爲他對於奴隸制度的觀點提供了許多的批評理由。實際上，他主張以合適爲依據的正義概念，在道德上的要求，以及對於既有的工作分配方式提出的批評，都比基於選擇與同意的理論還要嚴格。要看出這一點，且讓我們來檢視亞里斯多德的論點。

根據他的說法，奴隸制度要合乎公正性，就必須符合兩項條件：必須具有必要性，而且必須出於自然。亞里斯多德指出，奴隸制度有其必要，如果公民要花時間在議會裡思考討論共善，就必須有人處理家中的雜務。城邦需要分工。除非我們發明能夠包辦所有瑣碎工作的機器，否則就必須有人處理生活中的必要事務，好讓其他人可以有閒暇參與政治。

因此，亞里斯多德的結論認爲奴隸制度有其必要性。不過，有必要性還不夠。奴隸制度要公正，就必須也要有特定人的本性適合扮演這種角色㉔。因此，亞里斯多德問道：是不是

「對於有些人而言，擔任奴隸較好較公正；或是這種情況並不存在，所有的奴役做法都有違本性㉕」？除非有這樣的人存在，否則政治與經濟上對於奴隸的需求，就不足以賦予奴隸制度正當性。

亞里斯多德的結論是，這種人確實存在。有些人天生就是要擔任奴隸，這些人和一般人不同，就像肉體與靈魂不同一樣。這種人「本性就是奴隸，對他們而言……受到主人宰制是比較好的㉖」。

「因此，如果一個人能夠成爲別人的財產（也就是他爲什麼實際上會成爲他人財產的原因），儘管自己完全沒有財產，卻在理性上能夠領會別人的財產，那麼他的本性就是奴隸㉗。」

「正如有些人本性即是自由人，另外有些人則是本性就是奴隸。對於後者而言，受到奴役就是有益且公正的狀況㉘。」

亞里斯多德似乎察覺到，自己的主張有某種引人質疑之處，因爲他隨即提出了修飾的條件：「不過，我們很容易可以看出抱持相反觀點的人，就某方面而言也確實沒錯㉙。」面對當時雅典的奴隸制度，亞里斯多德不得不承認批評者的說法確實有理。許多奴隸之所以成爲奴隸，都是因爲一項純粹偶然性的原因：他們原本都是自由人，只是在戰爭中遭到俘虜。他們身爲奴隸的地位和是否適合這種角色毫無關係。對他們而言，身爲奴隸不是天生的狀況，而是運氣不好造成的結果。依照亞里斯多德本身的標準，他們遭到奴役是不公正的情形：「實際上，身爲奴隸或自由人的人，並非全都先天就是奴隸或自由人[30]。」

亞里斯多德問道：你如何知道誰適合當奴隸？原則上，你必須看出是不是有人當奴隸當得容光煥發，又有誰在此一角色中惱怒不已而試圖逃離。如果需要以暴力壓制奴隸，就充分顯示那名奴隸不適合扮演這種角色[31]。亞里斯多德認爲脅迫是不正義的徵象，不是因爲任何角色都可由同意賦予正當性，而是因爲使用暴力顯示了不自然的合適性。如果一個人被分配到適合其本性的角色，就不會需要受到強迫。

對於自由主義政治理論而言，奴隸制度之所以不公正，原因是其具有強制性。對於目的論理論而言，奴隸制度的不公正則是在於違反我們的本性；強制是不正義的症狀，而不是不正義的來源。我們完全有可能在目的與合適的道德體系裡解釋奴隸制度的不正義性，而亞里斯多德也稍微做到了這一點（儘管沒有全力爲之）。

其實，目的與合適的道德體系對於職場正義所設定的道德標準，比自由主義的選擇與同意道德體系更加嚴格[32]。想想一件重複性且具有危險性的工作，例如在雞肉加工廠的生產線上擔任長工時的勞工。這種勞動方式公不公正？

在自由主義者眼中，這個問題的答案取決於勞工是否自願以自己的勞動換取工資：如果是，這種工作就是公正的。對於羅爾斯而言，唯有這種勞動的自由交易是在公平的背景條件下進行，這樣的安排才能算是公正。對於亞里斯多德而言，即便是在公平的背景條件下同意，依然是不夠的；如果要公正，就必須適合勞工的本性。有些工作無法通過這項考驗，因爲那些工作具有太高的危險性、重複性與麻痺性，而不適合人類。在這種情況下，正義要求必須重新編排工作，以合乎本性。如果不這麼做，那個工作就與奴役一樣不公正。

凱西．馬丁的高球車

凱西．馬丁（Casey Martin）是一位職業高爾夫球員，但有一條腿患有殘疾。由於循環障礙，馬丁行走在球場上必須承受相當劇烈的痛苦，也背負了大出血與骨折的風險。儘管患有這種殘疾，馬丁在這門運動中的表現卻相當傑出。他在大學期間曾是史丹福大學冠軍隊的一員，後來成了職業球員。

馬丁向職業高球協會請求，讓他在錦標賽上搭乘高球車。職業高球協會拒絕了他的請求，引述該會禁止在頂級職業錦標賽使用高球車的規定。馬丁告上法院，他主張「美國身心

史卡利亞寫道，由於高爾夫球的規則「（一如所有的競賽遊戲）具有全然的任意性」，因此也沒有能對職業高球協會訂定的規則做出批判性評估的依據。如果球迷不喜歡那些規則，「大可取消對這項運動的贊助」。不過，沒有人可以說哪一條規則和高爾夫球考驗的技藝無關。

史卡利亞的論點有幾個引人質疑之處。第一，他的論點貶低了運動。眞正的運動愛好者絕不會以這種方式談論運動，稱之爲受到全然任意的規則所支配，而且沒有眞正的目的或重點。一般人如果眞心認爲自己最喜歡的運動的規則僅是任意決定而來，而不是爲了激發和表彰某些值得仰慕的技藝與才華所設計，他們就不太可能會關注比賽的結果。這麼一來，運動就會淪爲純粹的表演，僅僅是一種娛樂消遣，而不是欣賞的對象。

第二，不同規則的優點絕對有可能提出來討論，並且質問那些規則究竟是改善，或是敗壞了這項運動。無論是電台叩應節目，或管理運動競賽的人士，這類爭論隨處可見。想想棒球裡的指定打擊規則引起的辯論，有些人認爲這項規則改善了棒球比賽，讓最優秀的打擊手發揮長才，而不需勉強打擊能力低落的投手上場打擊。有些人則是認爲這項規則有害棒球比賽，因爲這麼做過度強調了打擊的重要性，也消除了複雜的策略元素。這兩種立場都是基於對棒球的最高境界有不同概念：棒球考驗哪些技藝，表彰和獎賞哪些才華與德行？指定打擊規則所引起的辯論，終究就是對於棒球的目的進行的辯論，就像平權措施的辯論是對於大學的目的進行的辯論一樣。

最後一點，由於史卡利亞否認高爾夫球具有目的，因此也徹底忽略了這項爭議當中的榮譽性面向。這場因爲高球車而引發的長達四年的訴訟，重點何在？表面上看來，這是一場關於公平性的爭論。職業高球協會與那些傳奇高球選手主張，若允許馬丁搭車會讓他獲得不公平的優勢；馬丁的回應則是，鑒於他罹患的殘疾，搭乘高球車只是讓他和別人處於平等的競爭地位而已。

不過，如果公平性是唯一的重點所在，這個問題就有個簡單且顯而易見的解決方法：讓所有的高爾夫球員都在錦標賽中搭乘高球車。如果每個人都可以搭車，公平性的反對論點就不復存在。不過，職業高球界卻對這項解決方案反感至極，甚至比爲馬丁開特例還要難以想像。爲什麼？因爲這項爭論眞正的重點其實不在公平性，而是在於榮譽和肯定。具體而言，就是職業高球協會與頂尖高爾夫球選手，希望這項運動能夠以身爲一項運動賽事而受到肯定與尊重。

讓我以盡可能委婉的方式描述這項重點：高爾夫球員對於這項運動的地位有些敏感，因爲這項運動不需要奔跑，也不需要跳躍，而且球還擺著不動。沒有人會說高爾夫球不是一

說「對不起」從來就不是一件容易的事情。不過，代表自己的國家公開道歉可能又更加困難。近數十年來，爲歷史上的不正義現象公開道歉的做法引起了大量的激烈爭論。

道歉與賠償

許多的道歉爭議都涉及第二次世界大戰期間犯下的歷史錯誤。德國爲了屠殺猶太人所付出的賠償已達數十億美元，包括支付給個別倖存者以及以色列的賠償金[1]。多年來，德國政治領袖一再表示道歉，爲該國的納粹過往負起程度不一的責任。德國總理艾德諾（**Konrad Adenauer**）在一九五一年對德國聯邦議院發表的一場演說中，宣稱「絕大多數的德國人民都對傷害猶太人的罪行深惡痛絕，也沒有參與其中」，但他承認「確實有人以德國人民的名義犯下了不可言喻的罪行，因此需要道德與物質上的賠償[2]」。二〇〇〇年，德國總統勞爾（**Johannes Rau**）在對以色列議會發表的演說中爲猶太大屠殺道歉，請求以色列「原諒德國人犯下的行爲[3]」。

相較於德國來說，日本則是較不願意爲該國的戰時暴行道歉。在一九三〇與四〇年代期間，數以萬計的朝鮮女性和亞洲其他地區的婦女和女童被迫進入妓院，淪爲日本士兵的性奴隸④。自從一九九〇年代以來，日本面臨了日益高漲的國際壓力，要求該國向所謂的「慰安婦」提出正式道歉以及賠償。一九九〇年代期間，一項私人基金提供受害者賠償金，日本領袖也提出有限的道歉⑤。不過，遲至二〇〇七年，日本首相安倍晉三仍然堅稱日本軍方沒有迫使女性接受性奴役，美國國會對此做出回應，通過一項決議案，敦促日本政府正式承認該國軍方在奴役慰安婦當中所扮演的角色，並且道歉⑥。

其他道歉爭議則是涉及原住民族遭受的歷史不正義。在澳洲，政府對於原住民的虧欠在近年來掀起了激烈辯論。在一九一〇年代至一九七〇年代初期，不同種族混血的原住民兒童被強制帶離他們的母親，安置在白人收養家庭或者聚居營裡（大多數這類案例中，母親爲原住民，父親是白人）。這項政策的目的是促使那些兒童融入白人社會，並且讓原住民文化加速消失⑦。電影《末路小狂花》（**Rabbit-Proof Fence**，二〇〇二年，又名《孩子要回家》）描述了這種受到政府認可的綁架行爲。這部電影講述三名年輕女孩在一九三一年逃出一座聚居營而踏上長達一千兩百英里的尋母之旅的故事。

一九九七年，澳洲的人權委員會記錄了原住民在「失竊的世代」所遭遇的殘酷對待，進而建議訂定一年一度的國家道歉日⑧。當時的澳洲總理霍華德（**John Howard**）反對正式道歉，因此道歉的問題成爲澳洲政治中一個備受爭議的議題。二〇〇八年，新當選的總理陸克文（Kevin Rudd）向原住民正式道歉，雖然沒有提供個人賠償，但承諾採取措施克服澳洲原住民人口遭遇的社會與經濟劣勢⑨。

近數十年來，在美國有關公開道歉以及賠償的辯論也備受矚目。一九八八年，雷根總統簽署法案，向日裔美國人在第二次世界大戰期間，被監禁在西岸的拘留營正式道歉⑩。除了道歉之外，這項立法還向拘留營的每一名倖存者提供兩萬美元的賠償，並且設立基金推廣日裔美國人的文化與歷史。一九九三年，美國國會又爲一項更古老的歷史錯誤提出道歉，也就是在一百年前推翻獨立的夏威夷王國⑪。

美國至今最重大且揮之不去的道歉問題，也許是涉及奴隸制度留下來的影響。南北戰爭向獲得解放的奴隸承諾的「四十英畝地與一頭騾子」從來不曾實現。一九九〇年代期間，黑人賠償運動重新受到注意⑫。自從一九八九年以來，國會議員柯尼爾斯（John Conyers）每年都提議立法成立委員會，研究對於非裔美國人的賠償⑬。雖然賠償的想法獲得許多非裔美國人組織與民權團體的支持，卻沒有獲得一般大衆的接納⑭。民調顯示，即使多數非裔美國人支持賠償措施，卻只有四％的白人認同這種做法⑮。

儘管賠償運動停滯，近年來卻出現了一波正式道歉。二〇〇七年，曾是最大蓄奴州的維吉尼亞州率先爲奴隸制度道歉⑯。有不少州也跟進，包括阿拉巴馬、馬里蘭、北卡羅萊納、紐澤西，以及佛羅里達⑰。二〇〇八年，美國衆議院通過決議，爲奴隸制度以及延續至二十世紀中葉的「吉姆．克勞法」時代種族隔離制度向非裔美國人道歉⑱。

國家應該爲歷史上的錯誤道歉嗎？要回答這個問題，我們必須針對集體責任以及社群的要求思考一些棘手的問題。

爲公開道歉辯護的主要理由是，這麼做乃是爲了紀念那些遭到政治社群不義對待（或是以政治社群的名義施加不義對待）的人士，認知這樣的不義對受害者及其後代造成的持續影響，以及爲犯下不義行爲或未能加以阻止的人贖罪。正式道歉也是公開表態，有助於彌合過往的傷口，爲道德與政治和解提供基礎，並且能夠以類似的理由爲賠償和其他形式的財務補償賦予正當性，用以具體表達道歉與贖罪。此外，賠償也有助於緩和遭受不義對待的受害者或者後代造成的影響。

這些考量是否足以提供道歉正當性，乃是取決於情境。在某些案例中，想要促成公開道歉或賠償的嘗試可能弊多於利，造成的害處包括煽起舊有的仇恨、強化歷史上的敵意、深化被害情結，或者造就不滿。公開道歉的反對者經常表達這類擔憂。在全面考量之下，究竟道歉或賠償的舉動較有可能對政治社群造成療癒或傷害的效果，是一項複雜的政治判斷問題。答案將會因案例而異。

我們應該為前人的罪行贖罪嗎？

反對為歷史不正義道歉的人士經常提出一個原則性的論點，不取決於情境當中的偶然因素，我們接下來就來探討這個議題。這項論點就是：當今這個世代的成員不該（實際上也沒有辦法）為先前世代犯下的錯誤道歉[19]。畢竟，為一項不義道歉即是為其負起若干責任，你不能為你沒有做的事情道歉，你又怎麼能夠為在你出生前發生的事情道歉？

當初澳洲總理霍華德拒絕向原住民正式道歉，就是提出這個理由：「我不認為當今的澳洲世代，應該為先前世代的行為正式道歉和負起責任[20]。」

在美國，針對是否該為奴隸制度賠償的辯論當中，也有人提出類似的論點。共和黨國會議員海德（Henry Hyde）就以這種理由批評賠償的想法：「我從來沒有蓄奴過，我從來沒有壓迫過任何人。在我出生前的幾個世代確實有人蓄奴，但我不認為我應該為那些人的過錯付出代價[21]。」反對賠償的非裔美籍經濟學家威廉斯（Walter E. Williams）也提出類似的觀點：「政府賠償的錢如果是牙仙子或聖誕老公公給的，當然很好。不過，政府必須向公民收取這筆錢，而今天活著的公民沒有一個人必須為奴隸制度負責[22]。」

向今天的公民課稅，為過去的錯誤支付賠償金，似乎造成一項特殊的問題。不過，在不涉及財務補償的道歉的辯論中，也有同樣的問題。

在道歉裡，眞正重要的是心意，此處的關鍵心意就是承認責任。任何人都可以譴責不義，但只有與該項不義有牽連的人才能夠爲其道歉。批評者正確理解了其中的道德關鍵，他們反對當今世代爲前人罪行負起道德責任的想法。

在二〇〇八年，紐澤西州議會針對道歉問題舉行辯論，一名共和黨議員問道：「今天活著的人有哪個犯了蓄奴的罪，而能夠爲那種犯行道歉？」他認爲明白可見的答案是沒有人：「今天的紐澤西州居民，就算是祖先能夠追溯到……蓄奴者的人，對於自己沒有參與其中的不公正事件，也不負有任何集體罪疚或者責任[23]。」

在美國衆議院準備對是否該爲奴隸制度與種族隔離道歉而投票之際，反對這項措施的一名共和黨員，將其比擬爲一個人爲自己的「曾曾曾祖父」犯下的錯誤道歉[24]。

道德個人主義

反對正式道歉的原則性論點並不容易反駁，其基礎概念是我們只能爲自己做的事情負責，而不能爲別人的行爲或超出我們控制之外的事件負責，我們不能爲父母或祖父母或同胞

好的生活方式，就無法建構出公正的政治制度。羅爾斯反對這種想法：「目的論學說的結構錯得離譜：從一開始，這種學說論述權利與善的方式就是錯的，我們不該藉著先將目光投向獨立定義的善，而試圖藉此形塑我們的人生㉙。」

正義與自由

這項辯論不僅關乎我們該如何推理自由這個抽象的問題。關於權利先於善的辯論，其重點是關於人類自由的意義。康德與羅爾斯反對亞里斯多德的目的論，原因是目的論似乎沒有給我們空間選擇自己的善。我們很容易可以看出，為什麼亞里斯多德的理論會引起這樣的擔憂。他認為正義是人與合乎其本性的目標或財貨之間的合適問題。不過，我們卻傾向於認為正義關乎選擇，而非合適。

羅爾斯主張權利先於善的論據，反映了「道德人是主體，其目標來自於自己的選擇」這種信念㉚。身為道德主體，我們不是受到自己的目標界定，而是受到自己的選擇能力所界定。「主要揭露我們本性的不是自身的目標，」而是我們把自己的目標抽象化後會選擇的權利架構。「因為自我先於目標。目標必須受到自我的確認，即便是支配性的目標，也必須從衆多可能性中選擇……因此，我們應該把目的論學說提議的權利與善的關係翻轉過來，而把權利視爲具有優先性[31]。」

認爲正義應該對美好人生的概念保持中立的想法，反映的觀點是把人視爲擁有自由選擇能力的自我，不受任何預先決定的道德約束所束縛。把這些觀念結合起來，即是現代自由主義政治思想的典型特徵。我所謂的自由主義，並非是與保守相反的概念，這是在美國政治辯論中的用法。實際上，美國政治辯論的一項獨有特徵，就是可以在政治光譜上的各個位置，見到中立國家與自由選擇自我的理想，關於政府角色與市場的辯論中，大部分都聚焦於如何最能夠促使個人追求自己的目標。

平等主義的自由主義者偏好公民自由與基本的社會與經濟權利，也就是擁有醫療、教育、就業、所得保障等等的權利。他們認爲，要讓個人追求自己的目標，政府就必須確保能夠促成眞正自由選擇的物質條件。自從新政的時代以來，美國福利國家的倡導者就不再標舉社會團結與社群義務，而是標舉個人權利與選擇自由。一九三五年，小羅斯福推出社會安全制度，當時並未將其視爲一種公民相互義務的表達，而是設計得猶如私人保險方案，資金來源是薪酬的「貢獻」，而不是一般稅收[32]。他在一九四四年提出美國福利國家的議程之時，更是稱之爲「經濟權利法案」。與其提出社群理由，小羅斯福主張這類權利對於「眞正的個人自由」不可或缺，並且指出：「貧困的人不是自由人[33]。」

自由放任主義者（在當代政治當中通常被稱爲保守主義者，至少在經濟議題上是如此），同樣也主張尊重個人選擇的中立國家（自由放任主義哲學家諾齊克寫道：政府必須「在其公民之間……嚴格保持中立」[34]），但他們對於這些理想需要何種政策，則是與平等主義自由主義者懷有不同意見。自由放任主義者是自由放任立場的福利國家批評者，他們爲自由市場辯護，並且主張人有權保有自己賺的錢。自由放任主義保守主義者暨一九六四年共和黨總統候選人高華德（Barry Goldwater）問道：「如果一個人的勞動成果不能任他處置，而是被當成公共財富的一部分，他怎麼可能擁有眞正的自由[35]？」在自由放任主義者眼中，中立國家需要公民自由以及嚴格的私有財產權制度。他們認爲福利國家無法讓個人選擇自己的目標，而是爲了別人的利益而對某些人施加強迫。

不論是平等主義或自由主義，追求中立的正義理論都帶有強烈的吸引力。這些理論爲政治與法律避免捲入多元社會常見的道德與宗教爭議提供了希望。此外，這些理論也表達了一種令人陶醉的人類自由概念，將我們視爲唯一能夠束縛自己的道德義務的創造者。

不過，這種自由觀儘管吸引人，卻有其缺陷。想要在美好人生的不同概念之間，尋求具有中立性的正義原則，同樣也是一種有缺陷的渴望。

至少，這是我所傾向的結論。和我在讀者面前呈現的那些哲學論述角力過一番，並且目睹這些論點在公共生活中的發展之後，我不認爲選擇自由足夠做爲公正社會的基礎，即便是公平條件下的自由也不夠。不僅如此，尋求中立正義原則的嘗試在我看來也是一種錯誤的做法。我們不總是能夠在不探究重要道德問題的情況下界定我們的權利與義務；而且就算有可能這麼做，也可能不是令人嚮往的做法。我接下來就試著來解釋爲什麼。

社群的要求

自由主義的自由概念所帶有的弱點和其吸引力密不可分。我們如果認爲自己是自由且獨立的自我，不受我們沒有選擇的道德約束束縛，就無法理解一般所認知或重視的衆多道德與政治義務，包括團結與效忠的義務、歷史記憶與宗教信仰——這些道德主張全都源自形塑了我們認同的社群與傳統。除非大家認爲自己是有所負擔的自我，受制於不是自己意志決定的道德主張，否則就難以理解我們的道德與政治經驗當中的這些面向。

一九八〇年代，在羅爾斯的《正義論》爲美國自由主義提出最充分的哲學表達過了十年後，一群批評者（我也是其中一人）根據我剛剛提議的那類觀點，質疑自由選擇且無所負擔的自我這項理想。他們反對權利先於善的主張，並且認為我們不能藉著把自己的目標與喜好抽象化而推理正義，這群人被稱為當代自由主義的「社群主義」（communitarian）批評者。

他們大多數人都難以接受這個標籤，因為這個標籤似乎表達了相對主義的觀點，認為正義純粹只是一個特定社群定義出來的結果。不過，這項擔憂凸顯了一個重點：社群負擔可能具有壓迫性。之所以會發展出自由主義的自由，就是為了對抗先前的那些政治理論，原因是那些理論把人置於種姓或階級、名位、習俗、傳統或承襲地位所決定的命運。既然如此，怎麼有可能一方面承認社群的道德重要性，另一方面又給予人類自由發揮的空間？如果唯意志論（voluntarist）者對於人的概念太簡單，如果所有的義務都不是意志的產物，我們如何能夠把自己視為一方面處於特定情境（situated），另一方面又擁有自由？

說故事的個體

哲學家麥金太爾（Alasdair MacIntyre）對此提出強而有力的答案。他在《德行之後》（*After Virtue*，一九八一）這部著作裡陳述了身為道德主體的我們，如何得出自己的目的與目標。不同於唯意志論者對於人的概念，麥金太爾提倡的是敘事性觀念。人類是說故事的個體。我們的人生就是敘事性的追尋。「要回答『我該怎麼辦？』這個問題，我首先必須要能夠回答另外這個問題：『我究竟屬於哪一則故事，或是哪些故事[36]？』」

麥金太爾指出，所有的人生敘事都帶有特定的目的論性質，並不表示那些敘事具有由某些外部權威制定的固定目的或目標。目的與不可預測性是並存的。「如同虛構敘事裡的人物，我們也不知道接下來會發生什麼事。儘管如此，我們的人生還是具有特定型態，能夠投射於我們的未來[37]。」

人生就是進行一場敘事追尋，目標在於達成某種統一性或一致性。面對相互競爭的不同道路，我試著確認哪一條道路最能體現我的人生以及我關懷的事物。道德思慮的重點在於詮釋我的人生故事，而不是行使我的意志。涉及選擇時，那樣的選擇源自詮釋的結果，不是意志的自主行為。在任何一個時刻，其他人可能比我更清楚看出我面前的哪一條道路最適合我的人生進程。經過反思之後，我也許會說我的朋友比我更了解我自己。道德主體的敘事性論述具有容許這種可能性的優點。

這種論述也呈現了道德思慮如何涉及省思，這種省思屬於更寬廣的人生故事，而我的故事也包含在其中。如同麥金太爾所寫的：「我從來沒有辦法僅僅以身為個人的狀態，而尋求善或者行使德行[38]。」唯有藉著接受我身處其中的故事，才能理解我的人生敘事。在麥金太

超越於同意之外的義務

羅爾斯的答案會是否定的。依照自由主義的概念，義務只能以兩種方式出現：一種是人類應負的先天義務，另一種是經由同意而負有的自願義務㊸。先天義務是普世性的，我們以人有理性個體的身分，對其他人負起這樣的義務，包括尊重待人、追求正義、避免殘酷等。由於這些義務來自於自主的意志（康德）或者假設性的社會契約（羅爾斯），所以也就不需要同意的行為。沒有人會說，我只有在承諾不殺你的情況下，才有義務不殺你。

不同於先天義務，自願義務是個別性，而非普世性，並且源自同意。我如果同意幫你油漆房子（藉此換取工資或回報你的恩惠），我就有義務這麼做。不過，我沒有義務幫每個人油漆房子。依照自由主義的概念，我們必須尊重所有人的尊嚴，除此之外，我們只背負自己同意背負的義務。自由主義的正義要求我們尊重人的權利（受到中立架構界定的權利），而不是促進他們的利益。我們是否必須關注別人的利益，取決於我們是否同意這麼做，以及對誰同意這麼做。

這種觀點有一項引人注意的含意，就是「嚴格說來，一般公民不負有政治義務」。雖然競選公職的人自願背負政治義務（也就是在當選之後必須為國家服務），普通公民卻沒有這麼做。如同羅爾斯所寫：「我們不清楚什麼是必要的約束行爲，也不清楚誰從事了這樣的行爲[44]。」所以，如果自由主義的義務論述沒錯，一般公民除了對同胞不能犯下不義行爲這項普世性的先天義務之外，並不負有特殊的義務。

從人的敘事性觀念來看，自由主義的義務論述太過薄弱，未能解釋我們身爲公民而對彼此負有的特殊責任。不僅如此，這種論述也未能描繪各種忠誠與責任——那些忠誠與責任的道德力量有部分來自於以下事實：依循忠誠與責任生活，和理解我們身爲什麼樣的特定人物密不可分，例如身爲這個家庭、國家或民族的一員，身爲那段歷史的承載者，身爲這個共和國的公民。依據敘事性論述，我們在思慮道德與正義之時，這些身分認同不是被擺在一旁的偶然元素，不應該拋開，它是我們的一部分，理所當然對我們的道德責任有所影響。

因此，如何在唯意志論與敘事性觀念的人觀之間決定何者正確，就是問自己是否認爲還有一種無法由契約解釋的第三類義務，可以稱之爲團結義務或者成員義務。不同於先天義務，團結義務是個別性而非普世性，涉及我們背負的道德責任，但對象不是理性個體，而是與我們擁有一段共同歷史的人。不過，和自願義務不同的是，這第三類義務不取決於同意行爲。這類義務的道德重要性來自於道德省思的情境面向，來自於認知，亦即我的人生故事牽連於其他人的故事當中。

道德責任的三個類別：

一、先天義務：普世性；不需要同意。
二、自願義務：個別性；需要同意。
三、團結義務：個別性；不需要同意。

團結與歸屬

以下是團結或成員義務的可能例子，看看你是否認爲這些例子帶有道德重要性，如果有的話，是否能夠從契約的角度解釋其道德力量。

家庭義務

最基本的例子，就是家庭成員對彼此所負有的特殊責任。假設有兩個孩子溺水，你只有時間可以救起其中一個。其中一個孩子是你的孩子，另一個是一名陌生人的孩子，在這種情況下，救你自己的孩子會不會是錯誤的行爲？拋硬幣決定是否是比較好的做法？大多數人都會說救你自己的孩子沒有什麼不對，也會認爲拋硬幣才算公平的想法頗爲古怪。潛藏在這種反應背後的觀念，就是認爲父母對子女的福祉負有特殊的責任。有些人主張這種責任來自於同意，藉著選擇生小孩，父母即是自願同意以特別的關愛照顧子女。

先把同意的問題擺在一旁，來想想子女對父母負有的責任。假設有兩名老婦人需要照顧，其中一人是我的母親，另一人是別人的母親。想必大多數人都會同意，如果能同時照顧兩者的確令人敬佩，但我對母親負有特殊的責任。在這個案例中，同意的意涵並不清楚。我沒有選擇我的父母，我甚至沒有選擇要擁有父母。

我們也許可以主張照顧母親的道德責任來自於她小時候曾照顧我，由於她養育我、照顧我，因此我有義務回報她的恩惠。藉著接受她給我的恩惠，我即是默示同意在她有需求時回報。也許有些人會認爲這種對於同意與互惠的計算太過冰冷，不足以解釋家庭義務。不過，假設你接受這種觀點，那些父母疏於照顧的孩子該怎麼辦？你會說父母的養育品質決定子女奉養父母的程度？只要子女對於不盡責的父母也負有奉養責任，這種道德主張就可能超越了互惠與同意的自由主義道德體系。

法國反抗組織

接下來，讓我們從家庭轉向社群義務。在第二次世界大戰期間，法國反抗組織的成員駕機到被納粹占領的法國投擲炸彈，雖然是瞄準工廠和其他軍事目標，卻避免不了造成平民傷亡。有一天，一名轟炸機飛行員接到命令，發現攻擊目標是他故鄉的村莊（這則故事可能是杜撰的，其中提出了一個引人入勝的道德問題）。他請求退出這項任務。他同意轟炸這座村莊就像他昨天執行的任務一樣，是追求解放法國的目標所必須採取的手段，他也知道如果自己不執行這項任務，同樣會有別人接手，但他還是拒絕執行任務，理由是他認爲自己不能當丟炸彈炸死部分村民的那個人。即便是爲了正義的目標，他依然認爲自己執行轟炸任務是一種特殊的道德錯誤。

你對他的立場有什麼看法？欣賞他，或認爲這是軟弱的表現？暫且不理會另一個更大的問題，也就是在追求解放法國的目標之下，多少平民傷亡可獲得正當性？這名飛行員不是質疑任務的必要性，也不是質疑喪命的人數，重點是他不能夠是奪走那些特定性命的人。這名飛行員不願執行任務的表現是單純的膽小，或反映了某種具有道德重要性的東西？我們如果欣賞他，必定是因爲我們在他的立場當中，看出他認知自己身爲村莊成員的有負擔身分，因此欣賞他不願執行任務所反映的人格。

救援衣索比亞猶太人

一九八〇年代初期，衣索比亞的一場饑荒導致四十萬名難民逃往鄰國蘇丹，而在難民營裡過著貧苦的生活。一九八四年，以色列政府發起一場稱爲「摩西行動」的祕密空運救援行動，把稱爲法拉沙人（Falasha）的衣索比亞猶太人帶回以色列[45]。當七千名衣索比亞猶太人獲救之後，阿拉伯政府開始對蘇丹施壓，要求蘇丹不要再配合以色列的撤離行動，這項計畫只好暫時宣告中止。當時的以色列總理佩雷斯（Shimon Peres）表示：「我們一定會持續努力，直到我們衣索比亞的兄弟姐妹全部安全回家爲止[46]。」一九九一年，由於衣索比亞猶太人面臨內戰與饑荒的威脅，於是以色列進行另一場規模更大的空運救援，將一萬四千名法拉沙人帶回以色列[47]。

以色列救援衣索比亞猶太人的做法是否正確？除了英勇的評價之外，我們很難對空運救援行動提出其他評價。那些法拉沙人身處危急狀況，他們也想要到以色列，而以色列這個在猶太大屠殺後成立的猶太人國家，就是要爲猶太人提供一個家園。不過，假設有人提出以下這項質疑：好幾十萬的衣索比亞難民都深受饑荒所苦，如果以色列以其有限的資源只能救出一小部分的難民，爲什麼不用抽籤的方式決定該救出哪七千名衣索比亞人？只救援衣索比亞猶太人，而忽略其他衣索比亞人的做法難到不是不公平的歧視表現？

你如果接受團結與歸屬的義務，答案就明白可見：以色列對於救援衣索比亞猶太人負有特殊責任，這項特殊責任超越了該國（以及所有的國家）幫助所有難民的義務。每個國家都有尊重人權的義務，必須依其能力爲世界各地遭受饑荒、迫害以及流離失所而苦的人提供援助。這是一種能夠以康德思想賦予正當性的普世義務，是我們身爲人而對其他人類同胞負有的義務（第一類義務）。我們在此處試圖回答，國家對自己的人民是否擔負更進一步的特殊照顧責任？藉著把衣索比亞猶太人稱爲「我們的兄弟姐妹」，以色列總理即是訴諸爲人熟知的團結隱喻。除非你接受某種這類概念，否則很難解釋爲何以色列不該藉由抽籤進行空運救援。此外，你也會很難爲愛國心辯護。

愛國心是不是一種德行？

愛國心是一種備受爭議的道德情感。有些人把對於國家的愛視爲一種不容置疑的德行，另外有些人則將其視為盲目服從、沙文主義，以及戰爭。我們的問題比較具體：一國的公民是否對彼此負有特殊的義務，超越於他們對世界上其他人所負有的義務？如果有的話，能否單純在同意的基礎上解釋這些義務？

盧梭是愛國心的熱切辯護者，他主張社群依附與認同是普世人性的必要補充。「人類情感一旦延展至全世界，就會減弱以及消失，我們對發生韃靼利亞或日本的災難，感受就不如發生在歐洲人身上的災難那麼強烈。關注與同情必須有所限制才能夠活躍。」他認為愛國心就是一種能夠強化同胞感的限制原則。「集中在公民同胞中的人性，能夠透過互相見面的習慣以及將其團結一起的共同利益而強化，是一件好事㊽。」不過，公民同胞如果被效忠與共同性的約束所束縛，就表示他們對彼此負有的義務高於對外人負有的義務。

我們希望人擁有高尚的德行嗎？那麼就先讓人們愛自己的國家吧。可是，國家在他們的心目中如果不比對於外國人更有意義，而且也只能提供他們對任何人都不能拒絕的好處，那麼如何對國家有愛㊾？

跟外國人相比，國家確實會提供給自己國民更多好處。例如，美國公民有資格享受許多形式的公共供給，諸如公共教育、失業補助、就業訓練、社會保障、醫療保險、福利、食品等，都是外國人無從享有的。實際上，反對放寬移民政策的人士擔憂新進國民會利用美國納稅人負擔的社會政策大占便宜。不過，這點不免引起一個問題，亦即美國納稅人爲什麼對國內的貧困公民負有比居住在其他地方的人更高的責任。

有些人反對一切形式的公共援助，並且希望縮減福利國家的規模。有些人則認爲我們應該爲開發中國家的人民提供更慷慨的外援。不過，幾乎所有人都認爲福利與外援有所差別，而且大多數人都同意我們對於滿足本國公民的需求負有特殊責任，而且這種責任不用延伸至世界上所有人。這種差別在道義上是否有正當性，或純粹只是偏袒的表現，是一種對於同類的偏好？國界究竟有何道德重要性？就純粹的需求而言，世界上那些一天生活費不到一美元的十億人口，可是比美國的窮人還要困苦。

德州的拉雷多（Laredo）與墨西哥的華雷斯（Juarez）是兩座相鄰的城鎮，中間隔著格蘭河。一個在拉雷多出生的孩子能夠享有美國所有社會與經濟福利，成年之後也有權在美國任何一個地方求職。一個在格蘭河彼岸出生的孩子，則是完全沒有權利享受這些好處。此外，這個孩子也沒有權利越過那條河。在完全與孩子本身作爲無關的情況下，這兩人的人生前景將大爲不同，純粹因爲出生地的差別。

國家之間的不平等爲國家社群的案例增添了複雜因素。如果所有的國家都擁有相等的財富，每個人都是某一個國家的公民，特別照顧本國人民的義務就不會有問題，至少從正義的角度來看是如此。不過，在這個富國與窮國之間存在著巨大差異的世界裡，社群的要求有可能與平等的要求形成緊張關係，移民的敏感議題就反映出這種緊張關係。

邊防警衛隊

移民改革方案是政治地雷區。移民政策中唯一獲得廣泛政治支持的面向，大概只有守衛美墨邊界以限制非法移民流入的決心而已。德州的警長近來發展出一種新方法來幫助他們監視邊界。他們在知名的非法穿越邊界地點架設攝影機，在一個網站上播放即時影像，想要幫忙監視邊境的公民可以上網擔任「虛擬德州副警長」。如果看見有人想要穿越邊界，即可向警長辦公室發送報告，辦公室就會採取行動，有時會由美國邊防警衛隊提供協助。

我在全國公共廣播電台的網站上聽到這項消息的時候，不禁納悶是什麼動機驅使人坐在電腦螢幕前監看那些影像，必定是頗爲乏味的工作，必須忍受長時間的毫無動靜，而且沒有任何酬勞。在登入網站的幾萬人當中，記者訪問了一名南德州卡車司機，他經過一天漫長

團結是不是對我們同類的偏好？

當然，不是每個人都同意我們對自己的家人、同志或者公民同胞負有特殊義務。有些人主張所謂的團結義務其實只是集體自私的例子，是一種對我們同類的偏好。這些批評者承認我們對自己的家人、朋友或同志的關懷通常高於對其他人的關懷。但他們質疑，這種比較關懷自己人的表現，不就是一種偏狹的內聚傾向？與其以愛國心或友愛的名義吹捧這種傾向，我們不是應該克服嗎？

其實不必然。團結與成員義務不僅指向內部，也指向外部。從我居住其中的特定社群所產生的特殊責任，其中有部分可能是我對其他成員所負擔的義務，另外有些則可能是我對外人負有的義務，原因是那些外人與我的社群存在著一段帶有道德負擔的歷史，例如德國人與猶太人的關係，或是美國白人與非裔美國人的關係。為歷史不義提出的集體道歉與賠償即是良好範例，顯示了團結如何創造出我對自己所屬社群以外的其他社群所肩負的道德責任。補償我的國家在過往犯下的錯誤，是確認我對國家的忠誠度的一種方法。

有時候，團結可以為我們提供特殊的理由，以批評同胞或政府採取的行動。愛國心有可能激發異議，例如美國民眾之所以反對越戰且發起抗議活動，有兩個不同的理由：一、認為那場戰爭不正義。二、認爲那場戰爭配不上我們，也不合乎我們這個民族的自我認同。第一個理由可以由任何一名反對戰爭的人提出，不論他們是什麼人或住在何處。不過，第二個理由只能由必須對戰爭負責的國家之公民，才有辦法感受和表達。瑞典人同樣可以反對越戰，並且認爲那是一場不正義的戰爭，但只有美國人才可能對那場戰爭感到羞愧。

自豪與羞愧這兩種道德情感，乃是以共同的身分認同爲先決條件。到國外旅遊的美國人，如果看見其他美國觀光客表現出無禮的行爲，就算他們不認識那個人，也可能會感到丟臉。其他非美國人可能會覺得那個人的行爲可恥，但不會因此感到丟臉。

對於家人與公民同胞的行爲感到自豪與羞愧的能力，與集體責任的能力有關，兩者都需要我們把自己視爲情境自我（situated selves）——受制於一種道德觀，雖然不是我們選擇的結果，卻與形塑道德主體認同的敘事密不可分。

鑒於自豪與羞愧的道德體系，以及集體責任的道德體系之間的密切關聯，政治保守主義者以個人主義的理由反對集體道歉，不禁令人費解（例如國會議員海德、澳洲總理霍華德，以及其他先前提過的人士）。堅稱身爲個人的我們只需要爲自己做出的選擇與行爲負責，會導致我們難以對自己國家的歷史與傳統引以爲傲。任何地方的任何人都可以仰慕獨立宣言、美國憲法、林肯的蓋茨堡演說、安葬在阿靈頓國家公墓裡的英雄等。不過，只有對一個橫跨時間的社群具有歸屬感，才有可能懷有愛國的自豪心態。

歸屬感會帶來責任感。你如果不承認自己有責任將國家的故事延續至當下，並且背負起隨之而來的道德負擔，就不可能眞正爲你的國家自豪。

忠誠能否凌駕於普世道德原則之上？

在我們探討過的大多數案例裡，要求團結顯然對先天義務或人權具有補充的效果，而不是形成互相競爭。所以，我們也許可以說這些案例凸顯了自由主義哲學家樂於承認的一項論點：只要我們不侵犯任何人的權利，就可以藉著幫助身邊的人，例如家庭成員或公民同胞，而履行幫助別人的一般義務。父母選擇救自己的子女而捨棄別人的孩子，並沒有什麼不對，只要他們趕去救子女的途中不要輾過陌生人的孩子就行。同樣的，富裕國家爲公民設立慷慨的福利國家也沒有不對，只要那個國家尊重世界各地所有人的人權即可。團結義務只有在導致我們違反先天義務的情況下，才會引人反對。

不過，如果對於人的敘事性觀念沒錯，團結義務的要求就可能比自由主義的論述更嚴格，甚至會與先天義務構成競爭。

李將軍

想想李將軍，也就是美國南方邦聯軍的總司令羅伯．李（Robert E. Lee）。在南北戰爭之前，他原本是聯邦軍的軍官，反對南方州退出聯邦，認爲這是叛國的行爲。隨著戰爭逐漸逼近，林肯要求他領導聯邦軍隊，而他卻拒絕了。他認定自己對維吉尼亞州負有的義務，高過他對聯邦的義務，以及他反對奴隸制度的態度。他在寫給衆位兒子的一封信裡解釋了自己的決定：

> 儘管我效忠聯邦，卻無法決心與我的親屬、子女、家園為敵……如果聯邦瓦解，政府也陷入混亂，我就會返回我的原生州，和我的族人共同分擔苦難。除了保衛我的原生州以外，我將不會再拔劍[57]。

如同法國反抗組織的那名飛行員，李將軍也無法接受要求他傷害親屬、子女和家園的命令。不過，他的忠誠度又更進一步，領導族人爲他反對的目標而戰。

「我從來沒有這麼想過，」巴爾傑答道：「但我對弟弟確實懷有誠實的忠心，我也關心他……我希望我不會協助任何想對他不利的人……我沒有義務幫助所有人逮捕他[60]。」

在南波士頓的酒館裡，顧客對巴爾傑的忠誠表達了欽佩。「我不怪他不透露弟弟的下落，」一名居民向《波士頓環球報》表示：「兄弟就是兄弟，難道你要背叛家人嗎[61]？」報刊編輯與報紙記者則是持批評態度。一名專欄作家寫道：「他沒有採取正義的道路，而是選擇了街頭的道義[62]。」巴爾傑因爲拒絕協尋弟弟，二〇〇三年在公衆壓力下辭去麻州大學的校長職務，不過沒有因爲妨害調查而遭到起訴[63]。

在大部分的情況下，正確的行爲應該是幫忙把謀殺嫌疑犯繩之以法，對家人的忠誠是否能夠凌駕於此一義務之上？威廉．巴爾傑顯然認爲可以。幾年後，另一個人則是在兄弟走上歧路的情況下，而有不同的選擇。

兄弟的守護者之二：大學炸彈客

有長達十七年以上的時間，執法當局一直努力搜捕一名本土恐怖分子。這個人犯下了一連串的郵包炸彈案，導致三人喪生，二十三人受傷。由於他的攻擊目標包括了科學家和其他學術人士，這個神出鬼沒的炸彈製造者因此被稱爲大學炸彈客。大學炸彈客爲了解釋自己這麼做的原因，而在網路上發表了一份三萬五千字的反科技宣言，並且承諾只要《紐約時報》與《華盛頓郵報》都刊登這份宣言，他就會停止炸彈攻擊行動，結果這兩份報紙也確實照辦[64]。

住在紐約州斯克內克塔迪的四十六歲社工大衛．卡辛斯基（David Kaczynski）讀了這份宣言之後，覺得似曾相識。其中有些文句和觀念聽起來像是他哥哥泰德以前所說的話。五十四歲的泰德是受過哈佛大學教育的數學家，後來開始遁世隱居。他鄙夷現代工業社會，住在蒙大拿州的山間木屋。大衛已經有十年沒有和他見過面[65]。

經過一番痛苦掙扎之後，在一九九六年，大衛向聯調局通報，他懷疑大學炸彈客就是他哥哥。聯邦探員監視了泰德．卡辛斯基（Ted Kaczynski）的木屋，並且逮捕了他。雖然檢察官告知大衛不會對泰德求處死刑，結果卻非如此。想到自己可能是造成哥哥送命的人，大衛非常痛苦。最後，檢察官允許泰德．卡辛斯基認罪，以換取終身監禁不得假釋[66]。

泰德．卡辛斯基在法庭上拒絕與弟弟相認，在牢裡寫的一本書籍手稿中，還稱他爲「另一個加略人猶大[67]」。大衛．卡辛斯基試圖重建自己的生活，這起事件卻對他造成不可磨滅的影響。努力讓哥哥逃過死刑之後，他成爲一個反死刑團體的發言人。「兄弟應當互相保護，」他向一群聽衆描述自己的兩難困境時指出：「我卻可能把哥哥送上了死亡之路[68]。」

於自己沒有選擇的道德約束這種概念，感到厭惡或者不信任。這種厭惡的感受可能會促使你反對愛國心、團結，以及集體責任等要求；要不然，就是把這些要求重新架構爲源自某種形式的同意。反對或重新架構這些要求的吸引力相當大，原因是可以讓那些要求符合一種爲人所熟悉的自由觀。這種自由觀主張我們不受自己沒有選擇的任何道德約束所束縛，自由就是身爲唯一能束縛我們的義務的創造者。

透過我們在書中探討的案例和其他例子，我想提出的論點就是，這種自由概念有其缺陷。不過，自由不是此處唯一攸關的議題，另一項關鍵的議題是如何思考正義。

回想我們探究的兩種思考正義的方式。康德與羅爾斯認爲權利先於善。界定我們的義務與權利的正義原則，應該對美好人生的不同概念保持中立。康德指出，要得出道德律，必須將自己偶然性的利益與目標抽象化。羅爾斯堅持，要思慮正義，就應該把自己的個別目標、喜好以及對於善的概念擺在一旁。這就是在無知之幕遮蔽下思考正義的重點。

這種對於正義的思考方式與亞里斯多德的方式不一致。他不認爲正義原則可以或是應該對美好人生保持中立。相反的，他堅稱公正的政治制度具有的其中一項目的，就是形塑良好的公民以及培養良好的人格。他認爲如果要思慮正義，就必須思慮社會分配的財貨所具有的意義，諸如公職、榮譽、權利與機會等。

康德與羅爾斯之所以反對亞里斯多德關於正義的思考方式，原因之一是他們認為這種思考方式沒有自由的空間。如果一套政治制度試圖培養良好人格，或確立美好人生的特定概念，恐怕會把某些人的價值觀強加在其他人身上。這種政治制度未能尊重人是自由且獨立的自我，有能力選擇自己的目的。

如果康德與羅爾斯對自由的構想沒錯，他們對於正義的構想也就沒有錯。如果我們是自由選擇的獨立自我，不受先於選擇而存在的道德約束所束縛，那麼我們就需要一套在各種目的之間保持中立的權利架構。自我如果優先於其目的，那麼權利必定優先於善。

不過，如果道德主體的敘事性觀念較具說服力，我們也許應該重新考慮亞里斯多德思考正義的方式。如果思考我的善，涉及了省思和我的身分認同密不可分的那些社群的善，追求中立可能就是錯的。若思考正義而不思考美好人生，也許不是可能或甚至令人嚮往的事情。

把美好人生的概念帶進正義與權利的公共論述當中，也許會讓你覺得不太有吸引力，甚至令人害怕。畢竟，我們這種多元社會中的人民，對於最好的生活方式各有不同看法。自由主義政治理論的出現，就是希望避免政治與法律捲入道德與宗教爭議中，康德與羅爾斯的哲學思想即是這種抱負最完整也最明白的表達。

不過，這樣的抱負不可能成功。許多爭辯最激烈的正義與權利的議題中，都無法在不探討具有爭議性道德與宗教問題的情況下，進行辯論。若要決定如何定義公民的權利與義務，不見得可能把相互競爭的美好人生概念擺在一旁，即使在有可能的情況下，或許也不是令人嚮往的做法。

要求民主公民先把自己的道德與宗教信念拋在腦後，再進入公共領域，看起來也許像是確保容忍與相互尊重的方法。不過，實務上卻可能恰恰相反。在決定重要公共問題時，假裝保有一種不可能達到的中立性，乃是引發反彈與不滿的保證。掏空了具體道德參與的政治，會導致貧乏的公民生活，不免引來偏狹而缺乏容忍的道德主義。在自由主義者不敢涉足之處，基本教義派就會大舉闖入。

如果我們對於正義的辯論不免讓我們捲入重要道德問題，我們還是必須問，這些爭辯如何繼續進行？有沒有可能推理公衆的善，而不至於陷入宗教戰爭？帶有更高道德參與度的公共論述會是什麼模樣，又會與我們已經習以為常的那種政治爭論有什麼不同？這些問題不只是哲學問題，而是在任何振興政治論述與重建公民生活的嘗試當中，屬於核心重要性的問題。

10.

正義與共善

一九六〇年九月十二日，民主黨總統候選人甘迺迪在德州休士頓發表了一場演說，論述宗教在政治中扮演的角色。他在選戰中一直擺脫不了「宗教議題」的糾纏，甘迺迪是天主教徒，以前從來不曾有天主教徒當選過總統。有些選民雖然嘴上不說，心中卻懷著偏見；另外有些人則是明白表達了擔憂，指稱他們擔心甘迺迪在執行總統職務之時，會以梵蒂岡馬首是瞻，或可能把天主教信條強加在公共政策上①。甘迺迪希望消弭這些恐懼，同意在一場新教牧師的聚會上發表演說，說明他如果當選，他的宗教信仰會在執政中扮演何種角色。他的答案很簡單：沒有任何角色。他的宗教信仰是他的私事，對於他的公共責任毫無影響。

「我認為總統的宗教觀應該是本身的私人事務，」甘迺迪指出：「我當上總統之後，不論面對什麼議題，無論是生育控制、離婚、出版審查、博奕，或是其他任何議題，我所做的決定……都會合乎我的良心所認定的國家利益，不會理會外來的宗教壓力或影響②。」

甘迺迪並沒有說，他的良心是否會受到宗教信仰所形塑，或是如何形塑。不過，他的意思似乎是說，他對於國家利益的認知與宗教無關，而且把宗教視為「外來的壓力」和「影響」。他想要安撫那些新教牧師和美國大眾，讓他們知道他不會把自己的宗教信仰（不論是什麼樣的宗教信仰）強加在他人身上。

這場演說被視為政治上的一大成功，後來甘迺迪贏得了總統選舉。一位總統選戰的優秀記錄者白修德（Theodore H. White）讚揚這場演說界定了「生活在民主社會的現代天主教徒的個人信條③」。

四十六年後，二〇〇六年六月二十八日，即將獲得民主黨提名爲總統候選人的歐巴馬，則是針對宗教在政治中扮演的角色發表了非常不一樣的演說。他首先回憶自己在兩年前競選參議員時，如何處理宗教議題。歐巴馬當時的競選對手是個咄咄逼人的宗教保守分子，攻擊歐巴馬支持同志權與墮胎權的立場，指稱他不是個良好的基督徒，耶穌基督一定不會投票給他。

「我的答案是如今在這類辯論中，相當典型的自由主義回應，」歐巴馬回憶道：「我說我們生活在一個多元社會裡，我不能把我自己的宗教觀強加在別人身上，而且我競選的是伊利諾州的參議員，不是伊利諾州的牧師④。」

雖然歐巴馬輕鬆贏得了參議員的選舉，現在卻認爲自己當初的回應有所不足，「沒有充分闡述我的信仰在引導我的價值觀以及我的信念中，扮演了何種角色⑤」。

他接著開始描述自己的基督教信仰，並且主張宗教對政治論述的相關性。他認爲進步分子「捨棄政治中的宗教論述領域」是個錯誤。「有些進步分子對於任何宗教色彩感到不自在的情形，經常導致我們無法從道德角度有效處理議題。」如果自由主義者提出毫無宗教內容

的錢。

民主黨反對自由市場在各種目標上具有中立性概念，支持政府對經濟採取更多干預措施。不過，一旦談到社會與文化議題，他們也會援引中立的語言，堅稱政府不該在性行爲或生育抉擇的領域上「立法規範道德」，這麼做就是把某些人的道德與宗教信念強加在別人身上。與其限制墮胎或同性戀者的親密行爲，政府應該在這些充滿道德爭議的問題上保持中立，讓個人自行選擇。

一九七一年，羅爾斯的《正義論》爲甘迺迪演說談及的自由主義中立概念提出了一項哲學辯護⑩。一九八〇年代期間，自由主義中立性的社群主義批評者，對於看似潛藏在羅爾斯理論背後那種自由選擇且無所負擔的自我觀點，提出了質疑。他們不但支持比較強烈的社群與團結概念，也主張在道德與宗教問題方面，該有更熱絡的公民參與⑪。

一九九三年，羅爾斯出版了《政治自由主義》（*Political Liberalism*），在某些面向上重塑了他的理論。他承認人在個人生活中常懷有某些「情感、奉獻與忠誠，認爲自己絕不會與之區分開來，不能也不應該這麼做……他們也許會認爲把自己和特定宗教、哲學及道德信念，或是某些長久以來的喜好與忠誠區分開來，根本是無法想像的事情⑫」。在此一程度上，羅爾斯接受高度構成性，並且在道德上有所負擔的自我。不過，他堅稱這類忠誠與喜好對於身爲公民的身分認同不該有任何影響。在辯論正義與權利時，我們該把自己的個人道德與宗教信念擺在一旁，而從「人的政治概念」的立場提出論述，獨立於任何特定的忠誠、喜好，或者對於美好人生的概念之外[13]。

爲什麼不該把自己的道德與宗教信念，應用在正義與權利的公共論述上？爲什麼應該把自己身爲公民的身分認同，與我們身爲一般認知下的道德人的身分認同區分開來？羅爾斯主張，這麼做是爲了尊重現代世界對於美好人生的「合理多元化」觀點。現代民主社會的成員對於道德與宗教問題各有不同意見，而這些歧見也是合理的。「擁有完整理性能力的勤奮之人，就算經過自由討論後，也不能預期他們會得出相同的結論[14]。」

根據這項論點，支持自由主義中立性的論據來自一項需求，也就是面對道德與宗教歧見之時保持寬容的需求。「在考慮了一切事物的狀況下，究竟哪些道德判斷合乎眞理，並不是政治自由主義關注的問題，」羅爾斯寫道。爲了在各種道德與宗教信條之間保持公正，政治自由主義不會「處理那些信條抱有歧見的道德議題[15]」。

要求我們把身爲公民的身分認同與道德及宗教信念區分開來，意思是說在參與正義與權利的公共論述之時，必須遵守自由主義公共理性的限制。不僅政府不能支持對於善的特定概念，公民甚至也可能不能將其道德與宗教信念，帶進正義與權利的公共辯論中[16]。如果他們

有意義的公共生活的企望[20]。

歐巴馬和其他民主黨人不同，他懂得這種渴望，而在政治上爲其發聲，使得他的政治與當代的自由主義顯得與衆不同。他口才流利的關鍵不只是因爲他善於運用言詞，也因爲他的政治語言帶有一個道德與靈性的層面，超越於自由主義中立性之外。

看起來，每天都有數以千計的美國民眾從事著日常例行工作，送孩子上學、開車上班、飛往商業會議目的地、到購物中心採買、努力遵守自己的飲食規律，而他們都開始意識到其中欠缺了某種東西。他們認定自己的工作、財產、娛樂以及純粹的忙碌並不足夠，而希望擁有明確的目標，希望人生能有一條敘事弧線。……我們如果真心希望在別人當下的情境與其溝通，採取一種與對方的希望與價值觀息息相關的方式，來傳達我們自己的希望與價值觀，那麼身為進步分子，我們就不能夠放棄宗教論述的領域[21]。

歐巴馬主張進步分子應該接納更寬大且對宗教更友善的公共理性型態，這點反映了一種明智的政治本能，也是一種良好的政治哲學。試圖將正義與權利的論點以及關於美好人生的論點脫鉤，是錯誤的做法，原因有二：第一，如果不解決具體道德問題，就不一定能夠決定正義與權利的問題；第二，這點就算有可能做到，也可能不是令人嚮往的做法。

墮胎與幹細胞辯論

想想墮胎與胚胎幹細胞研究這兩項爲人熟知的政治問題：我們如果不先在潛藏於其背後的道德與宗教爭議中選定立場，絕對不可能解決這兩項問題。有些人認爲應該禁止墮胎，原因是墮胎涉及奪取無辜的人類生命。有些人並不同意，主張法律在人類生命始於何時的道德與神學爭議中不該選邊站。他們指出，因爲發育中的胎兒具有的道德地位是一項深富爭議性的道德與宗教問題，因此政府在這個問題上應該保持中立，而讓女性自行選擇是否要墮胎。

第二種立場反映了墮胎權常見的自由主義論點。這種立場主張墮胎問題應該在中立與選擇自由的基礎上解決，而不要捲入道德與宗教爭議。不過，這項論點並不成功。因爲，發育中的胎兒如果在道德上等於一名兒童，那麼墮胎在道德上就等於是弒嬰行爲，顯然沒有人會主張政府應該讓父母自由決定是否要殺害自己的子女。所以，墮胎辯論中的「支持選擇權」立場對於潛藏在背後的道德與神學問題不是眞的保持中立，而是默默奠基在一項假設上，認爲天主教會對胎兒的道德地位提出的教誨，亦即認爲胎兒從受孕那一刻起就算是人，其實是

肯定的，並且以自由主義的非評判性理由支持同性婚姻：不論我們本身贊同或反對同性戀關係，個人都應該能夠自由去選擇結婚伴侶。允許異性戀情侶結婚，卻禁止同性戀情侶這麼做，即是以錯誤的方式歧視同志男女，並且否決了他們在法律面前的平等權。

如果這項論點足以做爲國家認可同性婚姻的基礎，這個議題就能夠在自由主義公共理性的範疇中得到解決，而不必訴諸婚姻目的與婚姻所表彰的財貨等充滿爭議的概念。不過，支持同性婚姻的論據不能奠定在非評判性的基礎上，而是取決於對婚姻目的所懷有的特定概念。如同亞里斯多德提醒我們，探討一項社會制度的目的，就是論述其所表彰與獎賞的德行。關於同性婚姻的辯論，在根本上是辯論同性戀者的結合是否應當獲得國家認可的婚姻所授予的榮譽和肯定，因此潛藏在背後的道德問題無可迴避。

要了解爲什麼是如此，必須記住國家可以對婚姻採取三種政策，而不只是兩種。國家可以採取傳統政策，只認可一名男性與一名女性之間的婚姻；也可以採取已經有幾個國家採行的做法，對同性婚姻賦予和男女之間的婚姻一樣的認可；或者也可以拒絕認可任何形式的婚姻，而把這個角色交給私人團體。

這三種政策可以概括如下：

政策一、只認可一名男性與一名女性之間的婚姻。

政策二、認可同性與異性婚姻。

政策三、不認可任何類型的婚姻，而是把這種角色交給私人團體扮演。

除了婚姻法之外，國家也可以採行民事結合或同居伴侶法，向未婚但住在一起且採取法律安排的情侶，提供法律保障、繼承權、醫院探視權，以及子女監護權的安排。美國有些州已爲同性伴侶提供這類安排。二〇〇三年，依據麻州最高法院的一項裁決，麻州成了第一個對同性婚姻賦予法律認可的州（政策二）。二〇〇八年，加州最高法院也裁決支持同性婚姻權，但幾個月之後，多數選民在一項全州的公民投票中推翻了那項決定。二〇〇九年，佛蒙特州成爲第一個藉由立法而不是司法裁決將同性婚姻合法化的州[23]。

政策三是純粹假設性的，至少在美國是如此；至今還沒有一個州放棄認可婚姻的政府職能。儘管如此，這項政策還是值得檢視，因爲它可讓我們理解支持與反對同性婚姻的論點。

政策三是婚姻辯論的理想自由主義解決方案。這項方案不禁止婚姻，但禁止婚姻做爲國家認可的制度。最能貼切描述這項政策的方式，也許就是稱之爲婚姻的去建制化（disestablishment of marriage）[24]。正如宗教的去建制化即是消除正式國家教會（同時允許教

性。若要找出原因，想想麻州最高法院裁決古德里奇訴公共衛生部案（Goodridge v. Dept. of Public Health，二〇〇三）這起同性婚姻案件時，首席大法官瑪格麗特・馬歇爾（Margaret Marshall）寫的那份深思熟慮且內容細膩的意見書[28]。

馬歇爾首先承認這項議題在道德與宗教上引發的深刻歧見，並且暗示法院不會在此一爭論當中選邊站：

> 許多人都懷有深刻的宗教、道德與倫理信念，認為婚姻應該限制為一名男性與一名女性的結合，而且同性戀行為是不道德的。許多人也持有同樣強烈的宗教、道德與倫理信念，認為同性伴侶有權結婚，而且同性戀者遭受的對待不該與他們的異性戀鄰居有任何不同。這兩種觀點都無法回答我們面前的問題。「我們的義務是界定所有人的自由，不是批准我們自己的道德準則[29]。」

彷彿是爲了避免捲入同性戀的道德與宗教爭議，馬歇爾以自由主義的論點描述了法院面對的道德議題——將其稱爲自主性與選擇自由的問題。把同性伴侶排除在婚姻外的做法與「尊重個人在法律之下的自主與平等」不相容，她寫道[30]。如果國家能夠「排除個人自由選擇與誰共享一項獨占性承諾的可能性」，那麼「選擇是否結婚以及跟誰結婚的自由就會是一項空洞的自由[31]」。馬歇爾主張此處的重點不是選擇的道德價值，而是個人行使選擇的權利，也就是原告「與自己選擇的伴侶結婚」的權利[32]。

不過，自主性與選擇自由不足以賦予同性婚姻權正當性。如果政府真的對所有自願性親密關係的道德價值都保持中立，國家就沒有理由把婚姻限制在兩個人之間；各方同意的多配偶制也應當合乎資格。實際上，如果國家真的要保持中立，並且尊重個人的任何選擇，就必須採取金斯利的提議，退出對任何形式的婚姻授予認可的活動。

在同性婚姻的辯論中，眞正的重點不是選擇自由，而是同性結合是否應當受到社群的表彰與承認——那樣的結合是否能夠實現婚姻這種社會制度的目的。以亞里斯多德的觀點來看，事關職位與榮譽的公正分配，重點是社會認可。

麻州法院雖然強調選擇自由，卻明白表示無意爲多配偶婚姻敞開大門。該院沒有質疑政府可以只授予某些親密關係社會認可的概念，也沒有主張廢止婚姻或婚姻去建制化。

相反的，馬歇爾大法官頌揚婚姻爲「我們的社群裡最有意義也最受珍視的其中一項制度[33]」。她認爲消除國家認可的婚姻「將會瓦解我們社會裡一項至關緊要的組織原則[34]」。與其廢止國家認可的婚姻，馬歇爾主張擴展婚姻的傳統定義，將同性伴侶涵蓋於其中。

除了使我們以身為美國人為傲的事物之外[40]。

當你聆聽甘迺迪的演說或閱讀這段文字，也許會認爲他對那個時代的自滿與物質執迷提出的道德批評，和他對貧窮、越戰以及種族歧視等不義現象提出的論點是相互獨立的。不過，他卻認爲這兩者彼此關聯。爲了翻轉這些不義現象，甘迺迪認爲有必要質疑自己看見的那種充斥自滿的生活方式。他毫不遲疑地提出批判。然而，藉著援引美國民衆對於國家的自豪，他也同時訴諸了一種社群感。

羅伯特·甘迺迪不到三個月後就遭到刺殺。如果他沒有過世，他提及的那種富有道德色彩的政治是否能夠實現？關於這一點，我們只能憑空猜想了。

四十年後，在二〇〇八年的總統選戰當中，歐巴馬也利用美國民衆對更崇高目的的公共生活懷有渴望，闡述了帶有道德與靈性抱負的政治觀。處理金融危機與經濟深度衰退的需求時，是否會阻礙他把選戰中的道德與公民要旨轉變爲新的共善政治，仍需要後續的持續觀察。

一種新的共善政治有可能會是什麼樣貌？以下是幾個可能的主題：

一、公民身分、犧牲，以及服務

公正的社會如果必須要有深厚的社群感，就必須設法培養公民關懷整體以及獻身共善的精神。這樣一個社會不能不理會公民帶進公共生活的態度與傾向，他們的「心靈習性」。這個社會必須設法仰賴純粹私有化的美好人生概念，並且培養公民德行。

傳統上，公立學校向來是公民教育的場所。在某些世代當中，軍隊也是這樣的場所。我指的不是明確教導公民德行的行為，而是來自不同經濟階級、宗教背景與族裔社群的年輕人聚集於一般機構中的時候，不經意的實際公民教育經常在此發生。

當前這個時代，許多公立學校的狀況極糟，美國社會又只有一小部分人口在軍中服役，因此像我們這麼一個龐大且充滿歧異的民主社會，如何培養公正的社會所需要的團結精神與相互責任感，就是一個非常嚴肅的問題。近來這個問題已重新出現在政治論述中，至少就某種程度上是如此。

歐巴馬在二〇〇八年的總統選戰當中，指稱二〇〇一年九月十一日的事件激起了美國人民的愛國心與自尊心，還有為國家服務的意願。他批評小布希總統沒有號召美國民眾投入某種形式的共同犧牲。「與其號召眾人服務，」歐巴馬說：「我們卻是被要求去購物。與其號

吸引人踏出其封閉式社區，而進入這些所有人共享民主公民身分的共同空間。

專注於不平等造成的公民後果，以及逆轉這些後果的方法，也許能夠獲得所得分配論點得不到的政治關注，也有助於凸顯分配正義與共善之間的關聯。

四、道德參與的政治

有些人認為公共領域探討美好人生是侵犯公民權的行為，逾越了自由主義公共理性的界限。我們經常認為政治與法律不該捲入道德與宗教爭論，這樣會開啟強迫與偏狹的大門。這是一種合理的擔憂。多元社會的公民確實對道德與宗教懷有不同意見。就算如我先前已論述過的，政府不可能在這些歧見之間保持中立，但我們是不是仍有可能把政治奠定在互相尊重的基礎上？

我認為答案是肯定的，但我們需要一個健全度和參與度都比我們已經習慣的狀況更高的公民生活。數十年來，我們已認定尊重其他公民的道德與宗教信念就代表不予理會（至少是為了政治目的而這麼做）、不予干涉，而且在公共生活中盡可能不提及那些信念。不過，這種迴避的姿態可能只是虛假的尊重。這種做法經常代表壓抑道德歧見，而不是真的避開道德歧見，也有可能引發反彈與怨恨。此外，這樣做可能造成貧乏的公共論述，隨著新聞的刺激而被動回應，並且只關注醜惡、羶腥，以及無關緊要的花邊小事。

爲道德歧見引進更健全的公共參與，可以爲相互尊重提供更堅實而非較薄弱的基礎。與其迴避公民同胞帶進公共生活中的道德與宗教信念，應該要更直接因應——有時加以質疑辯駁，有時加以聆聽以及學習。沒有人能夠保證對艱難道德問題的公共思慮，會在任何一個既定情境下達成同意的結果，甚至是能夠欣賞別人的道德與宗教觀，也可能更了解某些道德或宗教信條後，導致我們更不喜歡它們。不過，如果我們沒有試過，就不可能會知道。

道德參與的政治不只比迴避性的政治更激勵人心，也是更有展望的公正社會的基礎。

⑥同上。

⑦Jacoby, "Bring on the 'Price Gougers.'"

⑧Charlie Crist, "Storm Victims Need Protection," *Tampa Tribune*, September 17, 2004, p. 17.

⑨同上。

⑩Jacoby, "Bring on the 'Price Gougers.'"

⑪Lizette Alvarez and Erik Eckholm, "Purple Heart Is Ruled Out for Traumatic Stress," *New York* Times, January 8, 2009.

⑫同上。

⑬Tyler E. Boudreau, "Troubled Minds and Purple Hearts," *New York Times*, January 26, 2009, p. A21.

⑭Alvarez and Eckholm, "Purple Heart Is Ruled Out."

⑮Boudreau, "Troubled Minds and Purple Hearts."

⑯S. Mitra Kalita, "Americans See 18% of Wealth Vanish," *Wall Street Journal*, March 13, 2009, p. A1.

⑰Jackie Calmes and Louise Story, "418 Got A.I.G. Bonuses; Outcry Grows in Capital," *New York Times*, March 18, 2009, p. A1; Bill Saporito, "How AIG Became Too Big to Fail," *Time*, March 30, 2009, p. 16.

⑱美國國際集團執行長Edward M. Liddy的話引述於Edmund L. Andrews and Peter Baker, "Bonus

Money at Troubled A.I.G. Draws Heavy Criticism," *New York Times*, March 16, 2009; 另見Liam Pleven, Serena Ng, and Sudeep Reddy, "AIG Faces Growing Wrath Over Payments," *Wall Street Journal*, March 16, 2009。

⑲ *New York Post*, March 18, 2009, p. 1.

⑳ Shailagh Murray and Paul Kane, "Senate Will Delay Action on Punitive Tax on Bonuses," *Washington Post*, March 24, 2009, p. A7.

㉑ Mary Williams Walsh and Carl Hulse, "A.I.G. Bonuses of $50 Million to Be Repaid," *New York Times*, March 24, 2009, p. A1.

㉒ Greg Hitt, "Drive to Tax AIG Bonuses Slows," *Wall Street Journal*, March 25, 2009.

㉓ 雖然美國國際集團的紅利備受爭議，但不是所有的收受者都曾經做出導致金融危機的高風險投資。有些人是在危機後才加入金融產品部以協助善後。其中這麼一名高階主管發表了一篇特稿，埋怨公眾憤慨未能區分做出輕率投資的人與沒有涉入其中的人。見Jake DeSantis, "Dear AIG, I Quit!," *New York Times*, March 24, 2009。不同於DeSantis，在美國國際集團擔任金融產品總裁達十三年的Joseph Cassano在二〇〇八年三月離開該公司之前賺進了兩億八千萬美元。不久之後，他鼓吹的信用違約交換就擊垮了公司。

㉔ 參議員布朗的話引述於Jonathan Weisman, Naftali Bendavid, and Deborah Solomon, "Congress

⑮ Charles Rangel, "Why I Want the Draft," *New York Daily News*, November 22, 2006, p. 15.

⑯ 同上。

⑰ Kennedy, "The Wages of a Mercenary Army"; 另見David M. Kennedy, "The Best Army We Can Buy," *New York Times*, July 25, 2005, p. A19。

⑱ 同上，p. 13。

⑲ 同上，p. 16。

⑳ Jean-Jacques Rousseau, *The Social Contract* (1762), Book III, chap. 15, G.D.H. Cole譯 (London: J. M. Dent and Sons, 1973)。

㉑ Doreen Carvajal, "Foreign Legion Turns to Internet in Drive for Recruits," *Boston Sunday Globe*, November 12, 2006; Molly Moore, "Legendary Force Updates Its Image: Online Recruiting, Anti-Terrorist Activities Routine in Today's French Foreign Legion," *Washington Post*, May 13, 2007, p. A14.

㉒ Julia Preston, "U.S. Military Will Offer Path to Citizenship," *New York Times*, February 15, 2009, p. 1; Bryan Bender, "Military Considers Recruiting Foreigners," *Boston Globe*, December 26, 2006, p. 1.

㉓ T. Christian Miller, "Contractors Outnumber Troops in Iraq," *Los Angeles Times*, July 4, 2007.

㉔ Peter W. Singer, "Can't Win with 'Em, Can't Go to War Without 'Em: Private Military Contractors and

"Counterinsurgency," Brookings Institution, *Foreign Policy Paper Series*, September 2007, p. 3.

㉕根據美國勞動部的保險索償記錄，截至二〇〇八年四月，共有一千兩百九十二名包商人員遇害。這些數字引用於Peter W. Singer, "Outsourcing the Fight," Forbes, June 5, 2008。關於包商人員死亡不計入美國軍方死亡人數，見Steve Fainaru, "Soldier of Misfortune: Fighting a Parallel War in Iraq, Private Contractors Are Officially Invisible-Even in Death," *Washington Post*, December 1, 2008, p. C1。

㉖Evan Thomas and March Hosenball, "The Man Behind Blackwater," *Newsweek*, October 22, 2007, p. 36.

㉗普林斯的話引述於Mark Hemingway, "Warriors for Hire: Blackwater USA and the Rise of Private Military Contractors," *The Weekly Standard*, December 18, 2006。

㉘關於黑水公司的十億美元合約，此一數字取自Steve Fainaru, *Big Boy Rules: America's Mercenaries Fighting in Iraq* (New York: Da Capo, 2008)，引用於Ralph Peters, "Hired Guns," *Washington Post*, December 21, 2008。

㉙Ginger Thompson and James Risen, "Five Guards Face U.S. Charges in Iraq Deaths," *New York Times*, December 6, 2008.

㉚Singer, "Can't Win with 'Em," p. 7.

⑱同上。

⑲Gentleman, "India Nurtures Business of Surrogate Motherhood."

⑳這名女子以及她的經濟處境報導於Dolnick, "World Outsources Pregnancies to India."

㉑同上。

5. 重點在於動機／康德

①見Christine M. Korsgaard, "Introduction," Immanuel Kant, *Groundwork of the Metaphysics of Morals* (Cambridge: Cambridge University Press, 1997), pp. vii–viii。

②Immanuel Kant, *Groundwork for the Metaphysics of Morals* (1785), H. J. Paton譯 (New York: Harper Torchbooks, 1964), 442。由於讀者可能使用*Groundwork*的不同版本，因此我引用的是標準頁數，取自柏林的Royal Prussian Academy出版的*Groundwork*版本。當代的*Groundwork*版本大多數都使用這些頁數。

③同上。

④同上，394。

⑤同上，390。

⑥關於康德觀點的這項陳述方式，我要感謝Lucas Stanczyk。

⑦同上，397。

⑧Hubert B. Herring, "Discounts for Honesty," *New York Times*, March 9, 1997.

⑨Kant, *Groundwork*, p. 398.

⑩同上。

⑪同上。

⑫"Misspeller Is a Spelling Bee Hero" (UPI), *New York Times*, June 9, 1983.

⑬Kant, *Groundwork*, p. 412.

⑭同上，395。

⑮康德在他的*Groundwork*出版之後幾年所寫的一篇論文裡使用了這個用語。見Immanuel Kant, "On the Common Saying: 'This May Be True in Theory, But It Does Not Apply in Practice" (1793), 收錄於Hans Reiss, ed., *Kant's Political Writings*, H. B. Nisbet譯 (Cambridge, UK: Cambridge University Press, 1970), p. 73。

⑯Kant, *Groundwork*, p. 414。

⑰同上，416。

⑱同上，425。另見419–20。

於www.cnn.com/ALLPOLITICS/stories/1998/12/08/as.it.happened。

㊺ Immanuel Kant, "On the Common Saying: 'This May Be True in Theory, but It Does Not Apply in Practice'" (1793), H. B. Nisbet譯，收錄於Hans Reiss ed., *Kant's Political Writings* (Cambridge: Cambridge University Press, 1970), pp. 73–74。

㊻ 同上，p. 79。

㊼ 同上。

6. 平等的論據／羅爾斯

① John Locke, *Second Treatise of Government* (1690)，收錄於Peter Laslett, ed., *Locke's Two Treatises of Government, 2d ed.* (Cambridge, UK: Cambridge University Press, 1967), sec. 119。

② John Rawls, *A Theory of Justice* (Cambridge, Mass.: The Belknap Press of Harvard University Press, 1971).

③ 見這部絕佳的契約法歷史著作：P. S. Atiyah, *The Rise and Fall of Freedom of Contract* (New York: Oxford University Press, 1979)；以及Charles Fried, *Contract as Promise* (Cambridge, Mass.: Harvard University Press, 1981)。

④ Associated Press, "Bill for Clogged Toilet: $50,000," *Boston Globe*, September 13, 1984, p. 20.

⑤ David Hume, *Treatise of Human Nature* (1739–40), Book III, part II, sec. 2 (New York: Oxford University Press, 2nd ed., 1978).

⑥ 同上，Book III, part III, sec. 5。

⑦ 這則故事出自Atiyah, *The Rise and Fall of Freedom of Contract*, pp. 487–88; Atiyah引用E. C. Mossner, *Life of David Hume* (Edinburgh: Kelson, 1954), p. 564。

⑧ 休謨的話引自Atiyah, *Rise and Fall*, p. 487。

⑨ Steve Lee Myers, "'Squeegees' Rank High on Next Police Commissioner's Priority List," *New York Times*, December 4, 1993, pp. 23–24.

⑩ Rawls, *A Theory of Justice*, sec. 24.

⑪ 同上，sec. 12。

⑫ 同上。

⑬ 同上。

⑭ 同上。

⑮ Kurt Vonnegut, Jr., "Harrison Bergeron" (1961), 收錄於Vonnegut, *Welcome to the Monkey House* (New York: Dell Publishing, 1998), p. 7。

⑯同上，pp. 10–11。

⑰Rawls, *A Theory of Justice*, sec. 17.

⑱同上，sec. 12。

⑲同上，sec. 48。

⑳同上。

㉑Rawls, *A Theory of Justice* (2d ed., 1999), sec. 17.

㉒同上，sec. 48。

㉓Woody Allen, *Stardust Memories*, United Artists, 1980.

㉔Milton and Rose Friedman, *Free to Choose* (New York: Houghton Miffl in Harcourt, 1980), pp. 136–37.

㉕Rawls, *A Theory of Justice*, sec. 17.

㉖同上。在*A Theory of Justice* (1999)的修訂版中，Rawls刪除了「分擔彼此的命運」這句話。

7. 爭論平權措施

①霍普伍德訴訟案的事實陳述於*Cheryl J. Hopwood v. State of Texas*, United States Court of Appeals for the Fifth Circuit, 78 F.3d 932 (1996)，以及Richard Bernstein, "Racial Discrimination or Righting Past Wrongs?," *New York Times*, July 13, 1994, p. B8。地方法院意見在一個注腳中指出, 霍普伍德的法學院入學考試成績位於第八十三百分位數，「遠低於一九九二年入學班非少數族群的考試成績中位數」。見*Cheryl J. Hopwood v. State of Texas*, United States District Court for the Western District of Texas, 861 F. Supp. 551 (1994), at 43。

② 沙爾勒的話引述於Sam Walker, "Texas Hunts for Ways to Foster Diversity," *Christian Science Monitor*, June 12, 1997, p. 4。

③ Bernstein, "Racial Discrimination or Righting Past Wrongs?"

④ *Regents of University of California v. Bakke*, 438 U.S. 265 (1978).

⑤ *Grutter v. Bollinger*, 539 U.S. 306 (2003).

⑥ Ethan Bronner, "Colleges Look for Answers to Racial Gaps in Testing," *New York Times*, November 8, 1997, pp. A1, A12.

⑦ 當時擔任德州大學法學院代理院長的沙爾勒所說的話，引述於Bernstein, "Racial Discrimination or Righting Past Wrongs?"

⑧ *Regents of University of California v. Bakke*, 438 U.S. 265 (1978), Powell法官意見附錄，pp. 321–24。

⑨同上，323。

⑩Ronald Dworkin, "Why Bakke Has No Case," *New York Review of Books*, vol. 24, November 10, 1977.

⑪同上。

⑫洛威爾的話引自"Lowell Tells Jews Limit at Colleges Might Help Them," *New York Times*, June 17, 1922, pp. 3。

⑬達特茅斯學院的引文引自William A. Honan, "Dartmouth Reveals Anti-Semitic Past," *New York* Times, November 11, 1997, p. A16。

⑭Dworkin, "Why Bakke Has No Case."

⑮小星城配額制度有一項極佳的記述，見Jefferson Morley, "Double Reverse Discrimination," *The New Republic*, July 9, 1984, pp. 14–18; 另見Frank J. Prial, "Starrett City: 20,000 Tenants, Few Complaints," *New York Times*, December 10, 1984。

⑯這些假設性的信件改編自Michael J. Sandel, *Liberalism and the Limits of Justice* (Cambridge, UK: Cambridge University Press, 2d ed., 1998)。

8.誰應得什麼？/亞里斯多德

①卡莉．史馬特的故事報導於Sue Anne Pressley, "A 'Safety' Blitz," *Washington Post*, November 12, 1996, pp. A1, A8。我在此處提出的分析引自Michael J. Sandel, "Honor and Resentment," *The New Republic*, December 23, 1996, p. 27; 重印於Michael J. Sandel, *Public Philosophy: Essays on Morality in Politics* (Cambridge, Mass.: Harvard University Press, 2005), pp. 97–100。

②Aristotle, *The Politics*, Ernest Barker編譯 (New York: Oxford University Press, 1946), Book III, chap. xii [1282b]。

③同上。

④A. A. Milne, *Winnie-the-Pooh* (1926; New York: Dutton Children's Books, 1988), pp. 5–6.

⑤Aristotle, *The Politics, Book* III, chap. ix [1280b].

⑥同上[1280a]。

⑦同上[1280b]。

⑧同上。

⑨同上，[1281a]; Book III, chap. xii [1282b]。

⑩同上，Book I, chap. ii [1253a]。

9. 我們對彼此有什麼義務？／忠誠的兩難

①Elazar Barkan, The *Guilt of Nations* (New York: W. W. Norton, 2000)，對於第二次世界大戰戰後的賠償與道歉提供了充分的概觀。關於德國對以色列與猶太人的賠償，見pp. 3–29。另見Howard M. Sachar, *A History of Israel* (London: Basil Blackwell, 1976), pp. 464–70。

②艾德諾對德國聯邦議院發表的演說引述於"History of the Claims Conference"，可見於Conference on Jewish Material Claims Against Germany的正式網站：www.claimscon.org/?url=history。

③饒爾的話引述於Karin Laub, "Germany Asks Israel's Forgiveness over Holocaust," Associated Press, 刊登於*The Independent*, February 16, 2000。

④Barkan, *The Guilt of Nations*, pp. 46–64。Hiroko Tabuchi, "Historians Find New Proof on Sex Slaves," Associated Press, April 17, 2007.

⑤Barkan, *The Guilt of Nations*.

⑥Norimitsu Onishi, "Call by U.S. House for Sex Slavery Apology Angers Japan's Leader," *New York Times*, August 1, 2007.

⑦Barkan, *The Guilt of Nations*, pp. 245–48; "Australia Apologizes 'Without Qualification'"，對Professor Patty O'Brien的訪問，Center for Australian and New Zealand Studies, Georgetown

University, 播放於National Public Radio, February 14, 2008。

⑧ Barkan, *The Guilt of Nations*.

⑨ Tim Johnston, "Australia Says 'Sorry' to Aborigines for Mistreatment," *New York Times*, February 13, 2008; Misha Schubert and Sarah Smiles, "Australia Says Sorry," *The Age* (Melbourne, Australia), February 13, 2008.

⑩ Barkan, *The Guilt of Nations*, pp. 30–45.

⑪ 同上，pp. 216–31。

⑫ 同上，pp. 283–93; Tamar Lewin, "Calls for Slavery Restitution Getting Louder," *New York Times*, June 4, 2001。

⑬ 關於柯尼爾斯研究賠償的法案，見www.conyers.house.gov/index.cfm?FuseAction=Issues.Home&Issue_id=06007167-19b9-b4b1-125c-df3de5ec97f8。

⑭ Walter Olson, "So Long, Slavery Reparations," *Los Angeles Times*, October 31, 2008, A19.

⑮ Michael Dawson從事的意見調查，報導於Harbour Fraser Hodder, "The Price of Slavery," Harvard Magazine, May-June 2003, pp. 12–13; 另見Alfred L. Brophy, "The Cultural War over Reparations for Slavery," *DePaul Law Review* 53 (Spring 2004): 1201–11。

⑯ Wendy Koch, "Virginia First State to Express 'Regret' over Slavery," *USA Today*, February 26, 2007,

p. 5A。關於維吉尼亞州及其他州的蓄奴人口，見Christine Vestal, "States Lead Slavery Apology Movement," Stateline.org, April 4, 2008: www.stateline.org/live/details/story?contentId=298236。

⑰ Vestal, "States Lead Slavery Apology Movement"。另見"Apologies for Slavery," *State Legislatures*, June 2008, p. 6.

⑱ Darryl Fears, "House Issues an Apology for Slavery," *Washington Post*, July 30, 2008, p. A3; House Resolution 194: "Apologizing for the Enslavement and Racial Segregation of African-Americans," *Congressional Record House* 154, no. 127 (July 29, 2008): 7224-27.

⑲ 這個議題有一項深富洞見的分析，見David Miller, *National Responsibility and Global Justice* (New York: Oxford University Press, 2008), pp. 135-62。

⑳ Gay Alcorn, "The Business of Saying Sorry," *Sydney Morning Herald*, June 20, 2001, p. 17.

㉑ 海德的話引述於Kevin Merida, "Did Freedom Alone Pay a Nation's Debt?," *Washington Post*, November 23, 1999。

㉒ 威廉斯的話引述於Lewin, "Calls for Slavery Restitution Getting Louder"。

㉓ Tom Hester, Jr., "New Jersey Weighs Apology for Slavery," *Boston Globe*, January 2, 2008.

㉔ Darryl Fears, "Slavery Apology: A Sincere Step or Mere Politics?," *Washington Post*, August 2, 2008.

㉕ John Locke, *Second Treatise of Government* (1690), sec. 95, 收錄於John Locke, *Two Treatises of*

Government, ed. Peter Laslett (Cambridge: Cambridge University Press, 3rd ed., 1988)。

㉖ Aristotle, *The Politics*, Book VII, 1323a, Ernest Barker譯 (New York: Oxford University Press, 1946)。

㉗ Immanuel Kant, *Critique of Practical Reason* (1788), Lewis White Beck譯 (Indianapolis: Library of Liberal Arts, 1956), pp. 66–67。

㉘ John Rawls, *A Theory of Justice* (Cambridge, Mass.: Harvard University Press, 1971), sec. 33, p. 211.

㉙ 同上，sec. 84, p. 560。

㉚ 同上，sec. 85, p. 561。

㉛ 同上，sec. 84, p. 560。

㉜ 關於這點的進一步闡述，見Michael J. Sandel, *Democracy's Discontent* (Cambridge, Mass.: Harvard University Press, 1996), pp. 280–84; 另見James Holt, "The New Deal and the American Anti-Statist Tradition," 收錄於John Braeman, Robert H. Bremner, and David Brody, eds., *The New Deal: The National Level* (Columbus: Ohio State University Press, 1975), pp. 27–49。

㉝ Franklin D. Roosevelt, "Message to Congress on the State of the Union," January 11, 1944, 收錄於*Public Papers and Addresses*, vol. 13, pp. 40–42。

㉞ Robert Nozick, *Anarchy, State, and Utopia* (New York: Basic Books, 1974), p. 33.

㉟ Barry Goldwater, *The Conscience of a Conservative* (1960; Washington, D.C.: Regnery, Gateway edition, 1990), pp. 52–53, 66–68.

㊱ Alasdair MacIntyre, *After Virtue* (Notre Dame, Ind.: University of Notre Dame Press, 1981), p. 201.

㊲ 同上。

㊳ 同上，p. 204。

㊴ 同上，pp. 204–205。

㊵ 同上，p. 205。

㊶ 同上。

㊷ 同上。

㊸ John Rawls, *A Theory of Justice*, pp. 108–17.

㊹ 同上，p. 114。

㊺ "Airlift to Israel Is Reported Taking Thousands of Jews from Ethiopia," *New York Times*, December 11, 1984; Hunter R. Clark, "Israel an Airlift to the Promised Land," Time, January 14, 1985.

㊻ 佩雷斯的話引述自Anastasia Toufexis, "Israel Stormy Skies for a Refugee Airlift," *Time*, January 21, 1985。

㊼ Stephen Spector, *Operation Solomon: The Daring Rescue of the Ethiopian Jews* (New York: Oxford

University Press, 2005）。另見Israel Association for Ethiopian Jews的網站：www.iaej.org.il/pages/history.htm。

㊽ Jean-Jacques Rousseau, "Discourse on Political Economy" (1755), Donald A. Cress譯 (Cambridge, Mass.: Hackett Publishing), p. 173。

㊾ 同上，p. 174。

㊿ John Burnett, "A New Way to Patrol the Texas Border: Virtually," *All Things Considered*, National Public Radio, February 23, 2009。見www.npr.org/templates/story/story.php?storyId=101050132。

(51) Michael Walzer, *Spheres of Justice* (New York: Basic Books, 1983), p. 62.

(52) 開放國界有一項深思熟慮的支持論點，見Joseph H. Carens, "Aliens and Citizens: The Case for Open Borders," *The Review of Politics* 49 (Spring 1987)。

(53) 同上，pp. 37–38。

(54) Byron Dorgan, "Spend Money on U.S. Goods," *USA Today*, February 2, 2009, p. 14A.

(55) Douglas A. Irwin, "If We Buy American, No One Else Will," *New York Times*, February 1, 2009; Anthony Faiola, "'Buy American' Rider Sparks Trade Debate," *Washington Post*, January 29, 2009.

(56) Michael Mandel, "Can Obama Keep New Jobs at Home?," *BusinessWeek*, November 25, 2008.

(57) 李將軍的話引述於Douglas Southall Freeman, *R. E. Lee* (New York: Charles Scribner's Sons, 1934),

⑥同上。

⑦同上。

⑧同上。

⑨關於這項主題的進一步闡述，見Michael J. Sandel, *Democracy's Discontent: America in Search of a Public Philosophy* (Cambridge, Mass.: Harvard University Press, 1996), pp. 278–85。

⑩John Rawls, *A Theory of Justice* (Cambridge, Mass.: Harvard University Press, 1971).

⑪Alasdair MacIntyre, *After Virtue* (Notre Dame, Ind.: University of Notre Dame Press, 1981); Michael J. Sandel, *Liberalism and the Limits of Justice* (Cambridge, UK: Cambridge University Press, 1982); Michael Walzer, *Spheres of Justice* (New York: Basic Books, 1983); Charles Taylor, "The Nature and Scope of Distributive Justice," 收錄於Charles Taylor, *Philosophy and the Human Sciences, Philosophical Papers*, vol. 2 (Cambridge, UK: Cambridge University Press), p. 289。

⑫John Rawls, *Political Liberalism* (New York: Columbia University Press, 1993), p. 31.

⑬同上，pp. 29–31。

⑭同上，p. 58。

⑮同上，pp. xx, xxviii。

⑯同上，p. 215。

⑰同上，p. 254。

⑱同上，p. 236。

⑲這個用語出自Richard John Neuhaus, *The Naked Public Square* (Grand Rapids, Mich.: William B. Eerdmans, 1984)。

⑳見Michael J. Sandel, *Public Philosophy: Essays on Morality in Politics* (Cambridge, Mass.: Harvard University Press, 2005), pp. 2–3。

㉑Obama, "Call to Renewal Keynote Address."

㉒我在一部著作裡探討過胚胎的道德地位問題，見Michael J. Sandel, *The Case Against Perfection* (Cambridge, Mass.: Harvard University Press, 2007), pp.102–28。

㉓康乃狄克州（二〇〇八）與愛荷華州（二〇〇九）都透過州最高法院的裁決將同性婚姻合法化。

㉔見Tamara Metz, "Why We Should Disestablish Marriage"，收錄於Mary Lyndon Shanley, *Just Marriage* (New York: Oxford University Press, 2004), pp. 99–108。

㉕Michael Kinsley, "Abolish Marriage," *Washington Post*, July 3, 2003, p. A23.

㉖同上。

㉗同上。

㉘ *Hillary Goodridge vs. Department of Public Health*, Supreme Judicial Court of Massachusetts, 440 Mass. 309 (2003).

㉙ 同上，p. 312。引自法院意見的這句話（「我們的義務是界定所有人的自由，不是批准我們自己的道德準則。」）摘自*Lawrence v. Texas*, 539 U.S. 558 (2003)，美國最高法院在這項裁定裡推翻了德州禁止同性戀行爲的法律。在*Lawrence*意見書中的這句話則是摘自*Planned Parenthood v. Casey*, 505 U.S. 833 (1992)這項美國最高法院針對墮胎權做出的裁定。

㉚ 同上。

㉛ 同上，p. 329。

㉜ 同上，p. 320。

㉝ 同上，p. 313。

㉞ 同上，p. 342。

㉟ 同上，p. 321。

㊱ 同上，p. 322。

㊲ 同上，p. 331。

㊳ 同上，p. 333。

㊴ Robert F. Kennedy, "Remarks at the University of Kansas," March 18, 1968，可見於www.jfklibrary.

org/Historical+Resources/Archives/Reference+Desk/Speeches/RFK/RFKSpeech68Mar18UKansas.htm。

㊵同上。

㊶Barack Obama, "A New Era of Service," University of Colorado, Colorado Springs, July 2, 2008, 刊登於*Rocky Mountain News*, July 2, 2008。

㊷Gary Becker, "Sell the Right to Immigrate," The Becker-Posner Blog, February 21, 2005，可見於www.becker-posner-blog.com/archives/2005/02/sell_the_right.html。

㊸見Robert B. Reich, *The Work of Nations* (New York: Alfred A. Knopf, 1991), pp. 249–315。

Eurasian Publishing Group
圓神出版事業機構
用心與你對話・視野無限寬廣
先覺出版社
Prophet Press
www.booklife.com.tw
reader@mail.eurasian.com.tw

人文思潮 132

正義：一場思辨之旅【桑德爾指定授權，10周年全新譯本，收錄台灣版獨家序言】

作　　者／邁可・桑德爾（Michael J. Sandel）
譯　　者／陳信宏
發 行 人／簡志忠
出 版 者／先覺出版股份有限公司
地　　址／台北市南京東路四段50號6樓之1
電　　話／（02）2579-6600・2579-8800・2570-3939
傳　　真／（02）2579-0338・2577-3220・2570-3636
總 編 輯／陳秋月
主　　編／簡　瑜
責任編輯／鍾旻錦
校　　對／許訓彰・鍾旻錦
美術編輯／林韋伶
行銷企畫／詹怡慧・徐緯程
印務統籌／劉鳳剛・高榮祥
監　　印／高榮祥
排　　版／莊寶鈴
經 銷 商／叩應股份有限公司
郵撥帳號／ 18707239
法律顧問／圓神出版事業機構法律顧問　蕭雄淋律師
印　　刷／祥峰印刷廠
2018年9月　初版
2024年4月　25刷

定價 420 元　ISBN 978-986-134-328-0　

◎本書如有缺頁、破損、裝訂錯誤，請寄回本公司調換
Printed in Taiwan

過去的偉大哲學家都辯論過這些問題，但這些問題仍然持續存在。哲學不會產生決定性的答案。但儘管如此，每當我們試圖思考怎麼過自己的人生或是扮演良好的公民角色，我們所有人——不只是哲學家——就都不免面對這些問題。

——邁可・桑德爾《正義》

國家圖書館出版品預行編目資料

正義：一場思辨之旅【桑德爾指定授權，10周年全新譯本，收錄台灣版獨家序言】／邁可・桑德爾（Michael J. Sandel）著；陳信宏譯 -- 初版. -- 臺北市：先覺, 2018.09
464 面；14.8×20.8公分 --（人文思潮；132）
譯自：Justice : what's the right thing to do?
ISBN 978-986-134-328-0（精裝）
1. 政治倫理 2.社會正義 3.價值觀
198.57　　　107012060